大家小书

魏晋南北朝史略

何兹全 著

北京出版集团公司
北京出版社

图书在版编目（CIP）数据

魏晋南北朝史略 / 何兹全著. — 北京 ：北京出版社，2018. 8

（大家小书）

ISBN 978 - 7 - 200 - 13079 - 9

Ⅰ. ①魏… Ⅱ. ①何… Ⅲ. ①中国历史—魏晋南北朝时代 Ⅳ. ①K235

中国版本图书馆 CIP 数据核字(2017)第 128875 号

总 策 划：安　东　高立志　　　责任编辑：王忠波　孔伊南

·大家小书·

魏晋南北朝史略

WEI JIN NAN-BEI CHAO SHILÜE

何兹全　著

*

北京出版集团公司 / 北京出版社　出版

（北京北三环中路 6 号）

邮政编码：100120

网　址：www . bph . com . cn

北京出版集团公司总发行

新华书店经销

北京华联印刷有限公司印刷

*

880 毫米×1230 毫米　32 开本　9. 25 印张　160 千字

2018 年 8 月第 1 版　2022 年12月第 4 次印刷

ISBN 978 - 7 - 200 - 13079 - 9

定价：45. 00 元

如有印装质量问题，由本社负责调换

质量监督电话：010 - 58572393

总　　序

袁行霈

“大家小书”，是一个很俏皮的名称。此所谓“大家”，包括两方面的含义：一、书的作者是大家；二、书是写给大家看的，是大家的读物。所谓“小书”者，只是就其篇幅而言，篇幅显得小一些罢了。若论学术性则不但不轻，有些倒是相当重。其实，篇幅大小也是相对的，一部书十万字，在今天的印刷条件下，似乎算小书，若在老子、孔子的时代，又何尝就小呢？

编辑这套丛书，有一个用意就是节省读者的时间，让读者在较短的时间内获得较多的知识。在信息爆炸的时代，人们要学的东西太多了。补习，遂成为经常的需要。如果不善于补习，东抓一把，西抓一把，今天补这，明天补那，效果未必很好。如果把读书当成吃补药，还会失去读书时应有的那份从容和快乐。这套丛书每本的篇幅都小，读者即使细细地阅读慢慢地体味，也花不了多少时间，可以充分享受读书的乐趣。如果把它们当成补药来吃也行，剂量小，吃起来方便，消化起来也容易。

我们还有一个用意，就是想做一点文化积累的工作。把那些经过时间考验的、读者认同的著作，搜集到一起印刷出版，使之不至于泯没。有些书曾经畅销一时，但现在已经不容易得到；有些书当时或许没有引起很多人注意，但时间证明它们价值不菲。这两类书都需要挖掘出来，让它们重现光芒。科技类的图书偏重实用，一过时就不会有太多读者了，除了研究科技史的人还要用到之外。人文科学则不然，有许多书是常读常新的。然而，这套丛书也不都是旧书的重版，我们也想请一些著名的学者新写一些学术性和普及性兼备的小书，以满足读者日益增长的需求。

“大家小书”的开本不大，读者可以揣进衣兜里，随时随地掏出来读上几页。在路边等人的时候，在排队买戏票的时候，在车上、在公园里，都可以读。这样的读者多了，会为社会增添一些文化的色彩和学习的气氛，岂不是一件好事吗？

“大家小书”出版在即，出版社同志命我撰序说明原委。既然这套丛书标示书之小，序言当然也应以短小为宜。该说的都说了，就此搁笔吧。

导　读

宁　欣

魏晋南北朝历时（公元220—589年）370年，从董卓进京（公元189年），东汉已经名存实亡，到隋朝重新建立大一统的王朝（公元589年）分裂了400年（其中西晋曾有短暂的统一）。正所谓“话说天下大事，分久必合，合久必分”，这段《三国演义》卷首的经典句子，提纲挈领地点明近400年的魏晋南北朝时期这种分分合合的典型历史特征。400年的历史，平行或相继的割据政权出现过三十余个，建国者的民族成分极其复杂，在“十六国”时期，随着北方少数民族的南下，七个民族建立了20多个政权，未建立政权的民族还有很多，如蛮、乌桓、屠各、卢水胡等。人民从北到南进行了大规模的人口迁徙，众多民族在碰撞与交融中在历史舞台上纷纷亮相。风云诡谲，英雄辈出。佛教在这一时期传入中国，道教在这一时期深入民众，玄学在这一时期闪现出历史的思想光辉，曾有人因为这一时期的跌宕起伏、曲折迂回，而将之与欧洲大陆的中世纪并称为“黑暗的大陆”。

如何叙述清楚这段历史，如何将这段历史最关键的问题透过的残酷而交织的频繁战争和看似混乱动荡的复杂局面中呈现给研习者，考验着历史学家的见识和思考。

虽然这本《史略》篇幅不长，语言浅显，但何先生善于抓住历史主线，善于把握关键问题特点，处处可见“普照一切的光”（引自马克思：《〈政治经济学批判〉导言》）。

全书有四条主要线索：一是政治之变局；二是民族矛盾与民族融合；三是社会经济变化；四是思想文化的探索。在风诡云谲的动乱中，人们更多地将目光聚焦在政治领域，经济基础往往容易被忽视。但最值得注意的是，其中的第三条线索是何先生剖析和把握魏晋南北朝时期历史特征和变化的核心。

何先生对这段历史的研究，最重要的贡献就是提出“魏晋封建说”，即对社会经济变化的阐述。汉末到两晋南北朝的社会变化，何先生认为应该抓住四条变化主线：一是从城市交换经济到农村自然经济；二是从自由民、奴隶到依附民；三是从土地兼并到人口争夺；四是从民流到地著。这四条主线的归纳，正体现了何先生把握经济基础决定上层建筑的历史唯物主义思想。虽然在这本《史略》中因时代所限，没有明确提出这四条变化主线，但我们仍然能从字里行间感受到这“普照一切的光”。我们抓住了这四条主线，也就把握住了这时期社会变化的本质。

秦汉时期，城市经济和商品经济发达，官府通过统一铸币加以适应和掌控。并施行一系列政策以扶植小自耕农经济的发展。同时，在生产劳动和家内劳动中，权贵和富人也使用大量的奴隶，人口的迁徙和流动是经常发生的，尤其遇到灾年或战乱时期更是如此。西汉后期以后，富商豪强对土地的兼并日趋严重，西汉末年、王莽时期、东汉末年都爆发了大规模的农民起义，都与土地兼并导致的贫富分化严重、农民破产、被迫流亡等有直接关系。逐渐形成的世家豪族占有大量土地，破产的民众为逃避国家日趋繁重的赋税徭役和战乱，背井离乡，形成大规模的流民。商品经济和城市经济迅速衰落，自然经济逐渐占据了主导地位，大量的自由民（国家的编户）为生存而成为世家豪族的依附民，人口（即劳动力，徭役和兵役的主要来源）成为各个政权争夺的主要对象，百姓被固着在土地上，具有强烈的人身依附关系，不再是国家的编户。国家于是也采取世家豪族的做法，控制土地和劳动人口，三国时期曹魏的屯田就是很好的例证。我们从中看到四条主线的形成和发展。

何先生在分析三国分立的经济基础时指出：“汉末北方经

济的衰落和生产力的破坏，使北方的政权一时没有能力统一南方长江流域。长江流域的地方势力，联合起来也只足以自保，还没有能力吞并北方。同时，南方自汉以来，扬州、荆州、益州成为三个经济发展的重心，这种地方性经济的发展，促使政治上的分离而不是促使整个南方的统一。这就决定了整个三国分立的形势。”在分析司马氏取代曹魏上台的社会基础时指出：两种势力的斗争，追根寻源是汉末以来分散性的地方经济发展的结果。在分析东晋立国的社会经济基础时指出：一是地理和经济上的优势，一是中原豪族和江南地方豪族的联合力量的拥护。而在分析屯田农的依附性加深时，何先生的四条主线游刃有余地贯穿其中。大江东去也好，刀光剑影也好，轰轰烈烈、万古风流，只有回到对当时社会经济基础和经济格局的分析上，才能知其然又知其所以然。这就是何先生给我们昭示的认识历史格局变化的出发点。

如果说秦汉和隋唐是中国古代史发展的两个鼎盛时期，相比隋唐时期商品经济的恢复和发展，人身依附关系逐渐松弛，人口的地域性流动和社会性流动逐渐增强的历史格局，魏晋南北朝时期似乎就是中国古代史发展进程呈马鞍形的鞍底。马鞍形的鞍底不能简单理解为中国古代史发展的低谷，而是社会变化的契机，尤其是在思想文化领域，反倒融入和呈现丰富多彩的新元素。

何先生的视角继续向后的延伸，被史学界誉为魏晋南北朝史“扛鼎之作”的《中国古代社会》（河南人民出版社1991年初版），在阐述由“古代到中世纪”的三个变化时，就将此前归纳的四个变化归并为两条线，一是城乡经济的衰落，二是依附关系的发展，增加了第三条：宗教的兴起。他认为从魏晋南北朝到隋唐时期，恰如欧洲从中世纪走向近代的文艺复兴时期。虽然在这本《史略》中何先生没有用“文艺复兴”这个概念，或许这一认识还处在思考时期，也或许是当时的时代局限不适宜做这样的类比。但在注重考察经济基础对社会发展变化作用的同时，也注重社会意识、思想与之的互动作用。思想方面，《史略》一书并不因为篇幅少，而忽略思想的智慧之光。这一时期是各种思想大碰撞、大交汇时期。魏晋清谈玄学产生的根源，正如何先生在书中所指出的：“汉末清谈的兴起，老庄之学的抬头，曹魏严苛的政治，曹氏司马氏政权的斗争，只能说是助长魏晋清谈玄学产生发展的条件，还不能说是魏晋清谈玄学产生的主要根据。魏晋清谈玄学的所以，应该说是从这时期的社会经济的发展形势和贵族豪族地主阶级的生活来求得解释。贵族豪族世家是大土地所有者，社会财富都集中在他们手里，腐朽堕落日趋严重，生活实践的腐化堕落，反映到思想意识界，也就必然是腐朽堕落的。而且，腐朽了的贵族阶层也没有能力来解决当时面临的社会、政治和经济的诸多问题，这就决定了他们不敢面向现实，想逃避现实的思想意识和生活态度。但他们是土地财富的所有者，是政权的掌握者，又不能离开现实，既不愿自杀，又不能去做和尚，于是走向老庄思想这一道，一方面做官，一方面又清谈讲玄。”何先生分析得很深刻，拨开文化表面的云山雾罩，抓住了问题的本质。仍然是深入到社会经济基础去发掘本质的东西。不铺陈那些玄而又玄的语词，而是直接将读者带进本质的深层。

浅显易懂的语言，娓娓道来的历史，希望读者能从中真正体会作者“对这一时代历史发展的轮廓、体系、线索的认识”，真正理解作者“对这一时代一些历史问题、历史事件的看法”。

2017年10月19日

目录

第一章　三国和西晋

第一节　三国鼎立

一、曹操统一北方和三国局面的成立

董卓乱后，东汉帝国瓦解，形成地方割据。在这地方割据局面中，曹操和袁绍是北方“群雄”中的两个强者。

曹操，是沛国谯（今安徽亳县）人。他的祖父曹腾是汉桓帝时的大宦官，做过中常侍、大长秋，封费亭侯；父嵩，是曹腾的养子，汉灵帝时，官做到太尉。曹操从小就“机警，有权数，任侠放荡，不治行业”。汉末月旦评大家许子将曾说曹操：“子，治世之能臣，乱世之奸雄。”（以上参看《三国志·魏志·武帝纪》及注引孙盛《异同杂语》）

曹操年二十被举为孝廉。他做过郎、洛阳北部都尉、顿丘令、议郎。公元184年，黄巾大起义，曹操领兵参加过镇压

农民起义。董卓专政，他和东方的世家豪族一起，起兵讨伐过董卓。在东方形成地方割据形势时，他占有兖州（今山东西部）。

公元192年，青州（今山东中东部）黄巾大军再起，攻到兖州各地。曹操击败了青州黄巾军，黄巾军投降曹操。他“受降卒三十余万，男女百余万口，收其精锐者号为青州兵”（《三国志·魏志·武帝纪》）。和刘秀一样，农民的依附，构成曹操强大起来的军事基础。

公元196年，献帝从长安董卓残部中逃出回到洛阳。曹操亲自到洛阳迎见献帝。由于洛阳残破，他迎献帝都许（今河南许昌）。

曹操掌握了献帝，这在他以后和其他地方势力的斗争中是很有利的。他可以“挟天子以令诸侯”，在斗争中先占优势。

但是，更重要的，使曹操能够扫平各个地方势力统一北方的，是他的屯田。由于屯田，他解决了当时最严重的生产问题、军粮问题、社会安定问题；由于屯田，他在当时普遍的饥荒使各个地方势力饿都饿垮的情况下，独独能够稳定统治，并进而征服别人。

汉末董卓乱后，社会生产遭到严重的破坏（下面还要详讲）。很多地方势力因为没有东西吃而被饿垮。《魏书》曾有记载说："自遭荒乱，率乏粮谷，诸军并起，无终岁之计，饥则寇略，饱则弃余，瓦解流离，无敌自破者不可胜数。袁绍之在河北，军人仰食桑椹；袁术在江淮，取给蒲蠃。民人相食，州里萧条。"（《三国志·魏志·武帝纪》注引《魏书》）

曹操屯田的施行是在公元196年（建安元年），即曹操迎献帝都许这一年。帮助曹操创置屯田的有枣祗、韩浩和任峻。屯田是先在许下施行，然后推行到其他各地。史书记载说："是岁，乃募民屯田许下，得谷百万斛。于是州郡列置田官，所在积谷，征伐四方，无运粮之劳，遂兼灭群贼，克平天下。"（《三国志·魏志·武帝纪》注引《魏书》）这里所谓"征伐四方，无运粮之劳""兼灭群贼，克平天下"，都说明了屯田在曹操此后军事、政治发展中的重要性。

曹操迎献帝都许后，就占有了河南。关中的一些地方势力在他假借天子的命令下，也都服从他。公元197—199年三年中，曹操攻杀徐州的吕布，逐死扬州的袁术，击走徐州的刘备，成为河以南的最大的势力。

袁绍是曹操统一北方时最大的敌人。

袁绍是汝南汝阳（今河南商水）人。他是东汉后期很大的一家世家豪族。从他的高祖父袁安以下，曾四世做三公（汉司徒、司空、太尉称三公），他家的党羽很多。史书说：“袁氏树恩四世，门生故吏遍于天下。”（《后汉书·袁绍传》）他母亲死时，各地来会葬的有三万人。（《三国志·魏志·武帝纪》注引皇甫谧《逸士传》）

在汉末宦官和外戚最后的一次斗争宦官杀死外戚何进的时候，袁绍和他的弟弟袁术把宦官全都杀死。在后来东方世家豪族起兵讨董卓，董卓迁往长安，东方陷于割据的时期，他乘机取得冀州（今河北中部）。到公元199年曹操兴起于河南的时候，袁绍也已经占有冀州、幽州（今河北中北部）、青州、并州（今山西）四州之地，成为河以北最大的地方势力。

袁绍在河北的政治，完全是世家豪族政治。在他的治下，河北是：“豪族擅恣，亲戚兼并，下民贫弱，代出租赋，衒鬻家财，不足应命。”（《三国志·魏志·武帝纪》注引《魏书》曹操令）袁谭（绍子）在青州“使两将募兵下县，有赂者见免，无者见取。贫弱者多，乃至于窜伏丘野之中。放兵捕索，如猎鸟兽。邑有万户者，著籍不盈数百，收赋纳税，三分不入一。招命贤士，不就不强。弃军期，安居族党，亦不能罪也”（《三国志·魏志·袁绍传》注引《九州春秋》）。

一条河是挡不住豪阀们争夺土地的野心的。在曹操大体上统一了河南，袁绍也大体上统一了河北的时候，两者的矛盾就爆发了。

公元199年，袁绍起兵攻曹操。袁绍政治不好，同时又因连年作战，人民穷困，内部阶级矛盾是很严重的。在他要进兵南征曹操的时候，他的谋臣曾劝他说："师出历年，百姓疲弊，仓廪无积，赋役方殷，此国之深忧也。宜先遣使献捷天子，务农逸民。若不得通，乃表曹氏隔我王路，然后进兵黎阳（今河南浚县东北），渐营河南，……三年之中，事可坐定也。"（《三国志·魏志·袁绍传》注引《献帝传》）袁绍不听，起精兵十万、骑万匹，向曹操进攻。

两军在官渡（今河南中牟县东北）相持将近一年。公元200年十月，曹操大破绍军，这就是三国时期有名的官渡之战。

官渡战后二年，袁绍就死了。他的两个儿子袁谭、袁尚相争。袁谭求助于曹操。曹操先攻破了袁尚的邺（今河北临漳西），随后又破袁谭于青州。公元205年，曹操完全占有冀、并、幽、青四州，吞并了河北。

官渡战后，公元208年又有赤壁（今湖北嘉鱼东北）之战。官渡、赤壁是汉末三国初两次大战争。官渡之战决定了曹操统一北方的局面，赤壁之战决定了三国的分立。

赤壁战前，占据荆州（今湖北、湖南）的地方势力是刘表，占据江东（今江西以东长江下游南岸）的是孙权。

刘备原在徐州，为曹操所破，奔袁绍，袁绍和曹操作战时，他又南来投奔刘表。

刘备，涿郡涿县（今河北涿县）人。虽然是汉景帝子中山靖王胜之后裔、汉的宗室，但到刘备时，实已是破落的穷家。《三国志·蜀志·先主传》说："先主少孤，与母贩履织席为业。"但在三国人物中，刘备是一个有才具的人。曹操曾对他说："今天下英雄，惟使君（指刘备）与操耳，本初（袁绍字）之徒不足数也。"（同上引书传）

汉末黄巾起义时，刘备也参加了对黄巾起义军的镇压，他的得力部下是关羽、张飞。因为他出身穷家，他的资望是不能和曹操、袁绍相比的。他在北方将露头角的时候，曹操的势力已成。曹操知道他有能力，所以就紧紧地攻打他，使他不能在北方立足站稳。

刘备在荆州时，请得隐居南阳邓县（今湖北襄阳北）的琅邪（今山东诸城）人诸葛亮做他的助手。诸葛亮是三国时期最有能力的政治家。刘备得到诸葛亮，自比说"犹鱼之有水也"（《三国志·蜀志·诸葛亮传》）。

曹操破袁绍统一河南北后，便想向南发展，进而吞并长江流域。公元208年，曹操向荆州进军。刘表适于此时病死，刘表的次子刘琮继位，投降曹操，刘备仓卒退至夏口（今武汉）。

占有江东的孙权是吴郡富春（今浙江富阳）人。他的父亲孙坚是汉末一个地方军人，做过长沙太守。他的哥哥孙策占有了江东。孙策死，孙权继承孙策占有江东。

孙氏和刘表原是有矛盾的，彼此都想吞并对方。但在曹操大军压境下，矛盾不两立的关系，暂时变成唇齿相依的关系。孙权决定和刘备联合起来抵抗曹操。孙、刘的军队是少于曹操的，但孙权的军队是水兵，长于在长江上的水战。曹操的军队，主要是北方步兵，不习于水战；同时北方士兵，不服南方水土。更重要的是孙权在江东已建立起安定的社会秩序，人民暂时安居乐业，拥护他的统治；刘备在荆州，也很得荆州人的拥护。所以赤壁一战的结果，是孙、刘大胜，曹操大败。

赤壁一战，决定了三国分立的局势。战争的结果，刘备占有大部分荆州（东部夏口以东为孙权占去，北部襄阳为曹操占去），从此有了一个稳定的地盘，曹操退回北方，孙权稳占江东。

这个时期，除去曹、刘、孙三个大势力集团外，在关中还有韩遂、马超，汉中有张鲁，益州有刘璋。

赤壁战后，曹操向西进军，击破韩遂、马超，占有关中凉州，并进攻张鲁。刘璋怕曹操进攻益州，就派人请刘备入川为助。这正合了刘备的心愿。在刘备初见诸葛亮时，诸葛亮就为刘备划策说：“今操已拥百万之众，挟天子而令诸侯，此诚不可与争锋。孙权据有江东，已历三世，国险而民附，贤能为之用，此可与为援而不可图也。荆州北据汉沔，利尽南海，东连吴会，西通巴蜀，此用武之国而其主不能守，此殆天所以资将军，将军岂有意乎？益州险塞，沃野千里，天府之土，高祖因之以成帝业。刘璋暗弱，张鲁在北，民殷国富，而不知存恤，智能之士，思得明君。将军既帝室之胄，信义著于四海，总揽英雄，思贤若渴，若跨有荆益，保其岩阻，西和诸戎，南抚夷越，外结好孙权，内修政理；天下有变，则命一上将，将荆州之军以向宛洛，将军身率益州之众，出于秦川，百姓孰敢不箪食壶浆以迎将军者乎？诚如是，则霸业可成，汉室可兴矣。”（《三国志·蜀志·诸葛亮传》）

公元211年，刘备入益州，为刘璋击张鲁。公元214年夺取了益州，其后又击败曹操的军队，取得汉中。

公元219年，刘备的大将关羽自荆州出兵进攻曹操，攻下了襄阳。擒于禁，斩庞德，威震华夏。梁、郏、陆浑（今河南西南一带）的山泽亡命“或遥受羽号，为之支党”（《三国志·蜀志·关羽传》）。曹操曾拟迁都“以避其锐”（同上引书传）。这是刘备最盛的时期。

刘备、孙权虽然是联合的，但荆州却构成两方的争夺纠纷点。曹操派人勾结孙权，孙权从后面袭取了关羽的荆州，并在关羽退败中，追杀关羽于临沮（今湖北当阳县境）。

公元220年，曹操死，曹操的儿子曹丕废了汉献帝，自立为皇帝，国号魏；次年，刘备为皇帝，仍称汉；又后年孙权称吴王：正式进入三国分立的时期。

三国分立局面的出现，是有社会经济条件为基础的。汉末北方经济的衰落和生产力的破坏，使北方的政权一时没有能力统一南方长江流域。长江流域的地方势力，联合起来也只足以自保，还没有力量吞并北方。同时，南方自汉以来，扬州、荆州、益州成为三个经济发展的重心，这种地方性经济的发展，促使政治上分离而不是促使整个南方的统一。这就决定了三国分立的形势。

二、汉末经济的衰落和曹魏的屯田

汉末生产力遭到极大的破坏，这时期农业衰落，商业凋敝甚至停顿，人口大量减少。

经过董卓之乱和地方混战，两汉以来相当发达的城市经济，一下都被破坏了。长安是西汉两百年的帝都；西汉末年遭受战争破坏后，东汉时期一直未能恢复；东汉末又遭董卓及卓将李傕、郭汜之乱，破坏更甚。《晋书·食货志》载李傕、郭汜乱后的长安说："长安城中尽空，并皆四散，二三年间，关中无复行人。"《三国志·魏志·董卓传》也说："时三辅民尚数十万户，傕等放兵劫掠，攻剽城邑，人民饥困，二年间相啖食略尽。"洛阳，在董卓西迁时，徙人户西行，以致洛阳"二百里内，无复孑遗"。献帝于公元196年逃回洛阳时，洛阳的情况是："宫室烧尽，街陌荒芜，百官披荆棘，依丘墙间。……饥穷稍甚，尚书郎以下自出樵采，或饥死墙壁间。"（《三国志·魏志·董卓传》）建安时代的仲长统描述当时的城市情况说："以及今日，名都空而不居，百里绝而无民者，不可胜数。"（《昌言·理乱篇》）

汉代货币，有黄金和铜钱。董卓毁五铢钱更铸小钱，物价高涨，钱货不行。曹操和他儿子魏文帝曹丕都曾一度要恢复五铢钱，但都没有办到。直到曹操的孙子魏明帝太和元年（公元227年）才又行五铢钱。从公元190年（董卓毁五铢钱更铸小钱）到227年（魏明帝复五铢钱），三十七年间，社会上一般都是以谷帛作交易的手段。

把钱货废、谷帛用的原因归之于董卓毁五铢钱更铸小钱，这是极表面的看法。钱货废、谷帛用的真实原因，应该从当时社会生产力破坏、经济衰落方面来找。由于生产破坏、城市破坏，经济更自然化。交换衰落了，作为交换手段的钱币自然也就随之而衰落，谷帛实物就很自然地起而代替了钱币。

就是在公元227年魏明帝恢复五铢钱后，钱也仍然未能完全排斥谷帛之被用作货币。文献证明，公元229年以后民间的一般交易仍然是以谷帛为主要的交换手段，一般的物价也仍然是以绢匹来计算。

汉末三国时期，人口的减少是非常显著的。史书记载建安年间“天下户口减耗，十裁一在”（《三国志·魏志·张绣传》）。魏明帝太和年间（公元227—232年）杜恕上疏说：“今大魏奄有十州之地，而承丧乱之弊，计其户口不如往昔一州之民。”（《三国志·魏志·杜恕传》）青龙年间（公元233—236年）陈群上疏说：“今丧乱之后，人民至少，比汉文景之时不过一大郡。”（《三国志·魏志·陈群传》）景初中（公元237—239年）蒋济上疏说：“今虽有十二州，至于民数不过汉时一大郡。”（《三国志·魏志·蒋济传》）这是说的一般的情况，我们再举两个具体例子看。鄢陵（今河南鄢陵县）汉时旧有五六万户，到魏齐王芳时（公元240—253年）才有数百（《晋书·庾峻传》）。涿郡汉时旧有十万余户，魏文帝时才有三千户（《三国志·魏志·崔林传》注引魏名臣奏）。当然，一个地方的人口减少，可能是由于人口转徙，但和上面所引的几条说明汉末三国人口减少的材料结合起来看，汉末三国人口一定是有很大的减少的。

由于战乱，人口减少，汉末三国土地大量地荒芜了。关中的破坏，至于“二三年间无复行人”，洛阳二百里内，至于“无复孑遗”，那么土地也当然是荒芜着。历史记载中描述这时期土地荒芜、农业破坏的材料是很多的。如建安年间的仲长统描写当时土地荒芜的情况说：“今地广民稀，中地未垦。”（《昌言·损益篇》）赤壁战前，孙权的谋臣朱治对人说：“中国萧条，或百里无烟。城邑空虚，道殣相望。”（《三国志·吴志·朱治传》注引《江表传》）到魏明帝时卫觊上疏谈到当时的农业生产情况仍然说：“当今千里无烟，遗民困苦。”（《三国志·魏志·卫觊传》）

在这种地旷人稀、生产破坏的条件下，社会上最重要的问题就是如何恢复生产。如何恢复生产呢？当时所采取的方式，就是我们上面所讲过的屯田。最先采取这个方式而且是大规模地来推行的是曹操，在中原能站住脚的也就是他。

所谓屯田，就是政府把农业生产劳动者组织起来，直接置于政府屯田官管理之下，像私家地主指挥佃户依附户一样，使他们从事农业生产的一种制度。

曹魏的屯田，是大规模的，是恢复农业生产的组织。就种类上讲有民屯有军屯；就地域上讲，有内地屯田，有边地屯田。大概内地屯田多是民屯，边地屯田多是军屯。曹魏的屯田是普遍到境内各地的，就见诸记载的来说，许、颍川（今河南中部）、魏郡（今河北南部）、邺、汲郡（今河南北部）、河内（今山西东南部）、河东（今山西南部）、沛（今江苏西北部）、洛阳（今河南洛阳）、襄城（今河南方城）、皖（今安徽潜山）、汉中（今陕西南部）、长安、上邽（今甘肃天水西南）以及淮河沿岸都有屯田。

民屯中的劳动者称作屯田客。在曹操开始屯田的时候，屯田客是募来的。但这时应募的，也决非完全出于自愿，在政府需要屯田的时候，农民不见得就乐于来做屯田客，所以所谓募，在事实上也就成为强制。如《三国志·魏志·袁涣传》载：“是时募民开屯田，民不乐多逃亡。”为什么民不乐就得逃亡呢？可见募是有强制性的。所以袁涣就向曹操建议：“夫民安土重迁，不可卒变。……宜顺其意，乐之者乃取，不欲切勿强。”（同上引书传）当时的问题是地旷人稀，需要的是劳动力，只要有了劳动力，土地是不成问题的，因为到处都是荒芜着的土地。当时的各军事集团，后来的魏、蜀、吴三国，彼此打仗，认为边境上的居民住在边境不保险或者无必要时，往往就迁徙其人民到内地来，这些徙民大约都安顿在屯田中。

在屯田制度下，曹魏的农业生产便逐渐恢复起来。当时大力地注意了两点。第一，注意兴修水利。如曹操时，“以沛国刘馥为扬州刺史，镇合肥，广兴屯田，修芍陂、茹陂、七门、吴塘诸堨，以溉稻田，公私有蓄，历代为利”（《晋书·食货志》）。又“贾逵之为豫州，南与吴接，修守战之具，堨汝水造新陂，又通运渠三百余里，所谓贾侯渠者也”（同上引书志）。司马孚为河内典农，曾在河内修石门引沁水广兴水利。（《水经注·沁水》）第二，注意精耕细作。《晋书·傅玄传》载：“魏初课田，不务多其顷亩，但务修其动力，故白田收至十余斛，水田收数十斛。”比起汉代的田亩收获量来，有很大的增加。

自秦汉以来，政府管理人民、征收租税的政治组织是郡县这一系统。魏时郡县仍存在，郡县仍管人民，但屯田和屯田中的人民并不属于郡县。政府为了管理各地的屯田，于郡县系统之外，另有一管理屯田和屯田人民的系统组织。他们称为典农中郎将、典农校尉和典农都尉。典农中郎将秩二千石，典农校尉秩比二千石，相当于郡太守一级的官。典农都尉秩六百石或四百石，是相当于县令长一级的官。内地设有屯田的郡县同时都是有郡太守、县令长又有典农校尉、典农都尉。典农一系的官，不属于郡县。《三国志·魏志·贾逵传》载：“（曹操）以逵领弘农太守。……其后发兵，逵疑屯田都尉藏亡民。都尉自以不属郡，言语不顺。”

以上说的是民屯。至于军屯，则是士卒屯田，军屯中的劳动者就是兵士。管理军屯的大约就是领兵的军官。公元223年（魏文帝黄初四年）魏置司农度支校尉，秩比二千石，掌诸军屯田（《太平御览》卷二四二引《魏略》），这大约是管理军屯的中央统领机关。

魏时最重要的军屯地区是淮河两岸。淮河两岸的屯田是公元241年（魏齐王芳正始二年）后以邓艾的建议而施行的。邓艾以为：“昔破黄巾，因为屯田，积谷许都，以制四方。今三隅已定，事在淮南。每大军征举，运兵过半，功费巨亿，以为大役。陈、蔡之间，土下田良。可省许昌左右诸稻田，并水东下。令淮北二万人、淮南三万人分休，且佃且守，水丰，常收三倍于西，计除众费，岁完五百万斛以为军资。六七年间，可积三千万余斛于淮北，此则十万之众五年食也。以此乘敌，无不克矣。”（《晋书·食货志》）魏在淮南北的屯田，“北临淮水，自钟离（今安徽凤阳境）而南，横石以西，尽沘水四百余里，五里置一营，营六十人，且佃且守。兼修广淮阳、百尺二渠，上引河流，下通淮颍，大治诸陂于颍南、颍北，穿渠三百余里，溉田二万顷，淮南、淮北皆相连接。自寿春（今安徽寿县）到京师，农官兵田，鸡犬之声，阡陌相属”（同上引书志）。

屯田以屯为单位（军屯以营为单位），每屯或营有五十人或六十人。劳动可能是集体的，如前引《晋书·食货志》的记载，淮南北的军屯是“五里置一营，营六十人”。晋朝初年曾以奴隶屯田，诏令上规定的办法是：“五十人为一屯，屯置司马，使皆如屯田法。”（《晋书·食货志》）所谓屯田法，大约就是从魏以来的屯田法，因此我们知道魏的屯田是以屯为单位，屯有司马，每屯约五十人。

大战之后，荒芜了的土地都成为政府的官田。在屯田中，屯田客和屯田兵士所耕种的土地不属于他们自己，而是属于政府。和私家的佃户耕种地主的土地一样，屯田客和屯田兵士是国家的佃客。国家对于屯田客和屯田兵士的剥削也是和私家地主剥削佃客的形式一样的。曹魏对屯田客的剥削量大约是：“持官牛者，官得六分，士得四分；自持私牛者与官中分。”（《晋书·傅玄传》，玄于晋武帝泰始四年上武帝疏语。玄在魏世曾任弘农太守领典农校尉。）

但魏时屯田客的身份和汉代的佃户是不完全相同的，汉代的佃户是自由民，曹魏的屯田客对于政府有极强的隶属性，他们在政府的土地上屯田，是由政府强制执行的，他们没有离开他们耕种着的土地的自由。从身份上来看，他们是更进一步的依附农民化了。

三、世家豪族特权的形成

东汉时期，世家豪族已发展起来。这种发展，在黄巾农民大起义之前，是在东汉帝国还维持着的帝国的统治之下进行的。帝国的统治给世家豪族的发展以极大的束缚力。

黄巾大起义瓦解了东汉帝国，使世家豪族得到更进一步的发展。东汉帝国镇压黄巾起义，主要的是依靠地方世家豪族的力量。经过东汉二百年来的发展，在政治上经济上社会上已经形成为强大力量的世家豪族，通过对黄巾起义的镇压便突破统一帝国的躯壳的束缚而成为半独立的地方割据势力。

在黄巾起义以及后来的战乱中，世家豪族多率领自己的宗族、部曲、宾客起来自保。每一家豪族所有的部曲、宾客、家兵的数量都是很大的。一家豪族往往率领数千家。如许褚，在“汉末聚少年及宗族数千家共坚壁以御寇”（《三国志·魏志·许褚传》）。李典，有“宗族及部曲三千家居乘氏”（同上引书传）。

为了防御敌人的进攻，他们修建了高大坚固的坞壁。关于坞壁的建筑和作用，文献记载比较详细的是董卓的郿坞。史书上说：“卓筑郿坞，高与长安城埒，积谷为三十年储。云：‘事成雄据天下，不成守此足以毕老。’”（《三国志·魏志·董卓传》）这种坚固的坞壁，起于东汉，东汉后期在西方边地发展起来。汉族地主为了防御羌人的袭击，就修建起坞壁来。三国时，各地豪族地主大多是有坞壁的。在汝南，和袁绍同党的世家豪族，有二十余壁（《三国志·魏志·满宠传》）。魏明帝时的杜恕罢官之后，“遂去京师，营宜阳一泉坞，因其垒堑之固，大小家焉。”（《三国志·魏志·杜恕传》注引《杜氏新书》）

一般不能自保的小民，便依附豪族求取保护。史书所记三国初年这种例子也是很多的。邴原在辽东，“一年中往归原居者数百家”（《三国志·魏志·邴原传》）。管宁避乱辽东，“避乱者皆来就之，旬日而成邑”（《三国志·魏志·管宁传》）。又如田畴，“入徐无山中，营深险平敞地而居。……数年间至五千余家”（《三国志·魏志·田畴传》）。

汉帝国的瓦解，世家豪族势力的强大，愈益使豪族占有下的部曲、宾客、家兵等和国家的关系疏远而和豪族主的隶属关系加强。汉末三国之际，豪族渐渐不肯应政府的征调，不肯遵守政府的法令，要求有庇护他的宾客免除对国家赋役的特权。例如《三国志·魏志·王修传》载："胶东人公沙卢宗强，自为营堑，不肯应发调。"《三国志·魏志·贾逵传》载："曹洪宾客在县界（长社县），征调不肯如法。"

不过，汉末三国之际，世家豪族庇护他的人免除对国家租赋徭役的特权，还正在形成过程中，主张集权的曹操对于世家豪族的这种特权还是不承认的。《三国志·魏志·司马芝传》载："太祖（曹操）以芝为菅（今山东章丘境）长。时天下草创，多不奉法。郡主簿刘节，旧族豪侠，宾客千余家，出为盗贼，入乱吏治。顷之，芝差节客王同等为兵。掾吏据白：'节家前后未尝给徭，若至时藏匿，必为留负。'芝不听，与节书曰：'君为大宗，加股肱郡，而宾客每不与役，既众庶怨望，或流声上闻。今条同等为兵，幸时发遣。'兵已集郡，而节藏同等。因令督邮以军兴诡责县，县掾吏穷困，乞代同行。芝乃驰檄济南，具陈节罪。太守郝光素敬信芝，即以节代同行。青州号芝以郡主簿为兵。"这个故事说明世家豪族的人口分割制和他所庇护下的人口的免除租赋徭役的特权是在形成中；一方面，在事实上他们已取得这种特权，他们的人口"前后未尝给徭"，但另一方面还没有取得法律上的承认，遇到像曹操这种主张集权的人，就不承认它。

但汉末三国是世家豪族势力向上发展的时期，曹操所不承认的特权，在曹魏的后人已不能不予以承认了。《晋书·王恂传》载："魏氏给公卿以下租牛客户，数各有差。自后小人惮役，多乐之，贵势之家，动有百数。又太原诸部亦以匈奴胡人为田客，多者数千。"这是中世纪初叶政府以法令承认豪族有免除租赋徭役特权的第一次文献记录。

蜀的情况，不十分清楚。吴的世家豪族及其特权是发展着的。孙吴的起家是依靠世家豪族的拥护的。孙权的政权就是在北方逃乱到江东去的豪族和江东本地的豪族拥戴下所建立的政权。孙吴的重要人物如张昭、周瑜和鲁肃都是北方的豪族，顾雍、顾邵、陆逊都是江东的豪强。孙吴境内的豪族势力是很强大的。《晋书·邓艾传》说："艾言景王（司马师）曰：'孙权已没，大臣未附，吴名宗大族，皆有部曲，阻兵仗势，足以建命。'"孙权活着的时候，常常以户口赐给臣下，如吕蒙破关羽后，"权嘉其功，即拜庐江太守，所得人马皆分与之。别赐寻阳六百户，官属三十人"（《三国志·吴志·吕蒙传》）。蒋钦死，"权……以芜湖民二百户……给钦妻子"（《三国志·吴志·蒋钦传》）。陈武死，"权命以其爱妾殉葬，复客二百家"（《三国志·吴志·陈武传》注引《江表传》）。潘璋死，"复客五十家"（《三国志·吴志·潘璋传》）。赐给臣下的这些人口，就成为这些家族的人口，对国家是免除租役的。《三国志·吴志·周瑜传》载孙权的命令："故将军周瑜、程普，其有人客皆不得问。"《三国志·吴志》又常有"殊其门户"的记载。"殊其门户"的内容不详，从文字上可以看出来是要使其门户特殊化。大约仍不外于政治、经济、社会上予以特权。如《会稽典录》载：丁览死，孙权令"殊其门户"。又载："徐陵卒，僮客土地或见侵夺。骆统为陵家诉之，求与丁览、卜清等为比。权许焉。"（《三国志·吴志·虞翻传》注引）因为"僮客土地或见侵夺"而殊其门户，殊其门户当然是能保障其僮客土地了。吴地世家豪族的特权比北方魏境世家豪族的特权还有保障，其制度的确立也要早些。

四、长江以南地区的开发

自西汉末年以来，北方人口就已有南移的趋势，南方即逐渐发展起来，以前是经济重心、人口众多的关中、东方和河北等地，人口渐渐减少，而长江流域荆、扬、益三州人口则逐渐增加。

东汉末年，黄巾大起义失败以后，北方中原地带遭受不断的战争破坏，人口死亡数是很大的，未死的人口也大量地向外逃亡。这时期是中国历史上一个人口大量流动的时期。

当时人口移动的方向，有向西的，关中三辅一带的人口就有的移向陇右。如《三国志·魏志·苏则传》注引《魏略》说："则（扶风武功人）世为著姓。兴平中，三辅乱。饥穷，避难北地（今甘肃环县境）客安定（今甘肃镇原境）。"有向北的，如：管宁"北海朱虚（今山东临朐县境）人也。灵帝末，以中国方乱，乃与其友邴原，涉海依辽东"（皇甫谧《高士传》）。但主要的是向南。向南逃的，仍是以益、荆、扬三处为三个集结点。大概关中一带的人口，多移往益州（今四川）和汉中。《后汉书·刘焉传》说："初南阳三辅民数万户流入益州，焉悉收以为众，名曰东州兵。"又《三国志·魏志·张鲁传》："韩遂、马超之乱，关西民从子午谷奔之者（时张鲁在汉中）数万家。"关中一带的人口移入荆州的也很多，《三国志·魏志·卫觊传》："觊书与荀彧曰：'关中膏腴之地，顷遭荒乱，人民流入荆州者十万余家。'"中原一带的人口多移入荆州。《后汉书·刘表传》："关西兖豫学士，归者盖有千数。"当时的文士王粲对曹操说："刘表雍容荆楚，坐观时变，自以为西伯可规。士之避乱荆州者，皆海内之俊杰也，表不知所任。"（《三国志·魏志·王粲传》）诸葛亮就是琅邪人，避乱入荆州的。徐州、淮河流域的人则多移入扬州。《三国志·吴志·张昭传》：“汉末大乱，徐方士民多避难扬土。”张昭就是彭城（今江苏徐州）人移到江东去的。鲁肃是临淮东城（今安徽定远东南）人，徙往江东，《吴书》说：“雄杰并起，中州扰乱，肃乃命其属曰：‘中国失纲，寇贼横暴，淮泗间非遗种之地。吾闻江东沃野万里，民富兵强，可以避害，宁肯相随，俱至乐土，以观时变乎？’其属皆从令。乃使细弱在前，强壮在后，男女三百余人行。”（《三国志·吴志·鲁肃传》注引）青州的人也有徙至江东扬州的。如诸葛瑾琅邪阳都人，“汉末避乱江东”（《三国志·吴志·诸葛瑾传》）。

人口的南移是带着他们的财富、知识和生产技术的，所以人口的南移，就是南方的开发。南方吴、蜀独立政权的建立，更有助于南方的开发。统治者为了巩固他们的政权，强大他们的政权，就大力地来进行其境内的经济开展、领土的开扩和劳动力的增加。他们致力于对少数部族区域的侵入，使他们汉化，接受汉人的政治编制，向统治者出租税出兵役。

先就蜀来说。在刘备三顾茅庐时，诸葛亮就给他定下“跨有荆益，保其岩阻，西和诸戎，南抚夷越”（《三国志·蜀志·诸葛亮传》）的民族政策。后来他随刘备取得益州后，就一面修明政治，奖励生产，一面向南开拓疆土。

当时益州之南，今四川南部和贵州、云南一带叫作南中，居住在这一带的是夷族人民。益州的西部、北部有羌族。

公元225年，诸葛亮亲率军南征。他采用马谡“心战为上，兵战为下”的政策，严明军纪，不许烧杀欺辱当地少数民族。据《汉晋春秋》所记载（《三国志·蜀志·诸葛亮传》注引）：亮在南中和夷族酋帅孟获作战，曾七擒七纵直到最后孟获心服口服地说“南人不复反矣”才止。南中平后，“皆即其渠帅而用之”，不留兵不置官。诸葛亮说明他的理由是：“若留外人则当留兵，兵留则无所食，一不易也；加夷新伤破，父兄死丧，留外人而无兵者必成祸患，二不易也；又夷累有废杀之罪，自嫌衅重，若留外人终不相信，三不易也。今吾欲使不留兵不运粮而纲纪粗定，夷汉粗安故耳。”（同上引书传）

诸葛亮平南中后，改益州郡（今云南境）为建宁郡，分建宁、永昌郡（今云南境）为云南郡；又分建宁、牂牁（今贵州境）为兴古郡（今云南、广西、贵州边境）。这时的南中人民，生活还是比较落后的，所以诸葛亮出师表中有“五月渡泸，深入不毛”的句子。平南中后，增置了郡，并提出要使“纲纪粗定，夷汉粗安”。这样，汉族人民的先进文化多少输入了夷族人民中间去。

诸葛亮这次南征之后，蜀汉对南中还用过两次兵。一次在诸葛亮还军以后不久，南方夷人又起而反抗汉人的统治。这次领兵出征的是李恢。（《三国志·蜀志·李恢传》）另一次在公元233年，南夷豪帅刘胄反，蜀将马忠领兵讨平。（《三国志·蜀志·马忠传》）

南中夷族的征服，对于蜀的府库是有好处的。史书记载诸葛亮南征后“军资所出，国以富饶”（《三国志·蜀志·诸葛亮传》）。李恢南征后，“赋出叟、濮，耕牛、战马、金银、犀革，充继军资，于时费用不乏”（《三国志·蜀志·李恢传》）。

南方夷族人民要对汉族统治者交纳贡赋，他们与汉族统治者的关系当然不会好的。后来邓艾从阴平道入蜀迫近成都时，后主曾拟南入南中。当时后主手下一个官谯周反对，他说：“南方远夷之地，平常无所供为，犹数反叛。自丞相亮南征，兵势逼之，穷乃幸从。是后供出官赋，取以给兵，以为愁怨，此患国之人也。”（《三国志·蜀志·谯周传》）

但一般说来，蜀在诸葛亮的政策领导下，对于南方夷族所取的政策是比较好的，蜀和南方夷族的战争远少于孙吴和山越族的战争。

除南中的夷族外，蜀和羌族也有过战争。益州西边的汶山郡（今四川茂县），其主要的居民就是羌族。蜀军曾于公元231年和247年两次向汶山郡羌人进攻。

蜀对于越嶲郡（今四川西昌）叟夷的地区也有开发。史称“越嶲郡自丞相亮讨高定之后，叟夷数反，杀太守龚禄、焦璜”。这以后的太守都不敢之郡，只住在安定县，去郡八百余里，其郡徒有名而已。“时论欲复旧郡，除张嶷为越嶲太守。嶷将所领往之郡，诱以恩信，蛮夷皆服，颇来降附。北徼捉马最骁劲……种落三千余户，皆安土供职，诸种闻之，多渐降服。……在官三年，徙还故郡，缮治城郭，夷种男女，莫不致力。定笮、台登、卑水三县，去郡三百余里，旧出盐、铁及漆，而夷徼久自固食，嶷率所领夺取，署长吏焉。”（《三国志·蜀志·张嶷传》）

汉人政府的入侵和战争对这些地区的人民自然要带来灾害，但是由于汉人文化先进、羌夷文化落后，两个民族的来往和文化交流，对于当地人民的社会生产也就起了推进作用。

孙吴也致力于长江下游江东地区的开拓。这一带地方自古以来就是百越族居住的地方。战国以来，汉族逐渐向这地区发展，到三国时期，越族人民已多退居山地，因此他们就被称为山越。长江以南，东接浙江，西接江西，这中间一大块地方，“周旋数千里，山谷万重”（《三国志·吴志·诸葛恪传》），都是山越族居住着。他们过着农业生活，已会冶炼铜铁，自铸甲兵。越族人民强悍，勇于作战。孙吴统治者为了补充兵源，开拓领土，就不断地向山越族人民居住的地区进行侵袭。单就诸史书记载的几次大的对山越战争来说，孙吴俘获的可以当兵作战的越族青壮年就不下十几万人。《三国志·吴志·诸葛恪传》：“恪以丹阳山险，民多果劲，虽前发兵，徒得外县平民而已，其余深远，莫能禽尽，屡自求乞为官出之，三年可得甲士四万。……（孙）权拜恪抚越将军领丹阳太守。……岁期，人数皆如本规。恪自领万人，余分给诸将。”《三国志·吴志·钟离牧传》：“建安、鄱阳、新郡三郡山民作战，出牧为监军使者讨平之。贼帅黄乱、常俱等出其部伍以充兵役。”《三国志·吴志·陈武传》：“诸葛恪领丹阳太守讨平山越。……以表领新安都尉。……在官三年，广开降纳，得兵万余人。”被俘或投降的越人，强者拿去补兵额，服役作战，次者为县户，出供赋役。吕岱讨平会稽、庐陵、南海三郡的越人后，孙权写信去贺他，就说：“自今以后，国家永无南顾之虞，三郡晏然无忧惕之惊，又得恶民以供赋役。”（《三国志·吴志·吕岱传》）孙吴时期，在这一地区新设置了许多郡县，就是对越族人民和越族人民所居地区开拓的结果。

更南方的交州（今广东和越南人民共和国[①]北部）也是越族人民居住的地方。汉末三国之际，很多汉人逃到这里来，这也就引起了这一带地区的进一步的开发，孙吴政权建立后，和交州的经济文化关系更为加强，也就更加推动了这一地区的开发。不过，直到三国时期，这一带的开发，仍只限于点，只是城市点的扩大和增多，一般的地区还是极落后的。薛综对孙权说："交趾糜泠，九真都庞二县，皆兄死弟妻其嫂，世以此为俗。"（《三国志·吴志·薛综传》）在这一带，人民生活主要是依靠农业，主要的农产物有水稻。当地出产的明珠、大贝、象牙、犀角、玳瑁、珊瑚、琉璃、翡翠、孔雀等珍玩，是汉人统治者官吏掠夺的对象。（参看《三国志·吴志·士燮传》《三国志·吴志·薛综传》）汉人统治者的掠夺，时常引起当地人民的反抗。

由于疆土的开拓，东南、西南少数民族部落的征服，吴就新增置了三十个郡，蜀也增置了十三个郡。

五、魏晋政权的交替

曹魏的政权，从公元220年开始，形式上维持到公元265

① 今越南社会主义共和国。——责编注

年，为晋所代替；但实际上，从公元249年司马懿杀曹爽后，政权就已经是掌握在司马氏家族手里；这一年是魏晋政权交替的关键性的一年，司马懿虽然没有做皇帝，但他是魏晋政权交替中一个最重要的人物。

司马懿，字仲达，河内温县人（今河南温县境），生于公元179年。在他二十几岁的时候（汉献帝建安六年）郡举为上计掾。建安十三年曹操为丞相，以司马懿为文学掾。自此他参加了曹氏集团。

但曹操时代，司马懿的地位并不重要。似乎曹操对司马懿并无好感。"狼顾相""三马同食一槽（曹）"，固不免是后人附会，但可以说明知人善用的曹操对于豪族出身的司马懿并没有好感，因之也不会对他加以重用。

司马懿的起家是在魏文帝曹丕时代。曹丕为魏国王太子时，司马懿以太子中庶子为曹丕所信重，与陈群、吴质、朱铄号曰四友。曹丕为魏王、汉丞相，司马懿转为丞相长史。魏受禅，司马懿的地位渐渐重要起来。魏文帝死，司马懿又与曹真、曹休、陈群同受顾命辅佐明帝。这些事件，说明司马懿和文帝的关系，和在文帝时司马懿在政治方面的发展。

魏文帝时期，司马懿虽已逐渐取得政治上的重要地位，但尚未掌握军权。同受顾命的曹真、曹休、陈群，地位都在司马懿之上，军权主要的是掌握在曹魏的宗室中军大将军曹真手里。

魏明帝时期，司马懿的势力渐渐在军事方面发展，对外作战也渐渐多由他指挥。公元231年曹真死后，对蜀的战争就完全由司马懿主持。魏明帝死前，他讨平了辽东公孙渊。明帝死时，他又和曹真的儿子曹爽同受顾命辅佐齐王芳。

从公元240年到249年，司马懿和曹爽展开了政治斗争。曹爽是魏的宗室，曹爽对司马懿的排抑，代表着曹魏政权对于逐渐威胁自己政权的司马氏势力的压抑。在曹爽的排抑下，公元246年开始，司马懿不得不暂时装病家居。但初出茅庐的小伙子曹爽不是老奸巨猾、有着多年的政治经验、在政治上又有着潜在力量的司马懿的敌手。公元249年春，曹爽兄弟陪奉齐王芳出谒高平陵（魏明帝陵墓）的时候，司马懿霍然而起，关闭洛阳城门，发动政变。他以花言巧语骗曹爽交出兵权，以侯就第。等到曹爽交出兵权之后，司马懿立即把曹爽收付廷尉。曹爽集团的人物，即曹魏政权的积极支持者，被一网打尽，一律夷三族。自此曹魏政权就完全掌握在司马懿手里。

公元249年是曹魏政权转入司马氏手中的转折点。公元249年以后，曹魏的傀儡政权虽然形式上还维持了十六七年，到公元265年才由晋政权代替，但实质上这段时间已是祭由寡人，政由司马氏了。

维持曹魏政权的傀儡形式，对司马氏是有用的。司马懿在公元249年虽然取得了曹魏的中央政权，但在地方上党曹的势力还是相当强大的。同时，司马懿虽然取得了政治上的支配权，但在整个统治阶级人心中的威望，还有待培养。如何收揽人心，树立威望，也就需要一段时间。

从公元251年到257年，七年之中党于曹魏的地方将领有三次起兵反抗司马氏的活动。公元251年兴兵淮南的魏太尉王凌谋立楚王彪于许昌以与司马氏所把握的洛阳对抗。司马懿以迅雷不及掩耳的大军压境使王凌失败自杀。同年司马懿死。公元255年，在懿子司马师执政的时候，淮南又有毌丘俭、文钦的起兵，又为司马师所败。最后257年又有诸葛诞在淮南的起兵反抗司马昭（司马师的兄弟），结果也失败了。公元263年司马昭灭蜀。一切条件都成熟了，公元265年，司马昭的儿子司马炎才代魏自为皇帝。

司马懿和他的儿孙为什么能够夺取曹魏的政权而代之呢？这要从当时客观历史发展的具体条件和曹魏、司马氏政权性质对当时具体历史情况的适应和不适应上来说明。

自东汉以来，和中央皇权势力相对抗的地方豪强势力兴起，这个地方豪强势力在经济上社会上有强大的巩固的基础。

黄巾起义失败、东汉帝国瓦解后，豪族势力更为发展。

曹操起于这种历史环境中，曹操也是这些地方豪强势力中的一个。曹操集团在逐渐扩大发展中，也就更加吸收了许多地方豪强势力，成为自己集团中的骨干。但曹操和别的地方豪族集团是存在着区别的。曹操的祖父曹腾是个宦官，桓帝时为中常侍，大长秋。所以曹操的家世是属于宦官系统的。这一系就从东汉以来是中央皇权的依附物，是站在皇权一边和世家豪族对立的。

曹操一出手，对于世家豪族势力就是采取打击政策的。曹操二十岁的时候，举孝廉，为郎，除洛阳北都尉。他初入尉廨，就“缮治四门，造五色棒，县门左右各十余枚。有犯禁者，不避豪强，皆棒杀之”（《三国志·魏志·武帝纪》注引《曹瞒传》）。后来，他做济南国相，“国有十余县，长吏多阿附贵戚，赃污狼藉，于是奏免其八。禁断淫祀，奸宄逃窜，郡界肃然”（《三国志·魏志·武帝纪》）。

在迎接汉献帝都许以后，曹操是实际上的政权掌握者，是皇权的代表人。在他向国家政权的掌握者路上发展的时候，他的集权主义和世家豪族的地方分权主义的矛盾就慢慢地更加显露出来了。对于世家豪族，曹操逐渐采取打击的政策。

袁绍是汝南豪族，袁绍在河北时的政治，就完全是世家豪族的政治。曹操取得河北后，就一反其道而行。《魏书》记载他取得河北后曾下令说："有国有家者，不患寡而患不均，不患贫而患不安。袁氏之治也，使豪强擅恣，亲戚兼并，下民贫弱，代出租赋，衒鬻家财不足应命。审配宗族至乃藏匿罪人，为逋逃主。欲望百姓亲附，甲兵强盛，岂可得邪！其收田租亩四升，户出绢二匹，绵二斤而已，他不得擅兴发。郡国守相，明检察之，无令强民有所隐藏而弱民兼赋也。"（《三国志·魏志·武帝纪》注引）

曹操对于手下能打击豪强的人都是非常鼓励的。杨沛为长社令，"时曹洪宾客在县界，征调不肯如法，沛先挝折其脚，遂杀之。由此太祖（曹操）以为能"（《三国志·魏志·贾逵传》注引《魏略》）。满宠为许令，"时曹洪宗室亲贵，有宾客在界数犯法，宠收治之。洪书报宠，宠不听。洪白太祖，太祖召许主者。宠知将欲原，乃速杀之。太祖喜曰：'当事不当尔邪？'"（《三国志·魏志·满宠传》）曹洪是曹操的族弟，战争中救过曹操的命，是豪族大家，宾客布在各地。杨沛、满宠能打击曹洪宾客的"征调不肯如法"或"犯法"，曹操就称之曰"能"，称之曰"当事不当尔邪"，这可看出曹操对豪族的态度。

规矩老实一点的豪族，就向曹操俯首帖耳地臣服。如豪族李典，在黄巾起义时合宾客部曲数千家随曹操。及曹操破袁绍，李典自请以宗族部曲三千家徙魏郡（曹操封地）。

曹操强化集权的政策，也表现在他所采取的封国制度上。曹操对于功臣的封立，多是只有虚号而无实封的。有实封的，封地和封户也是很少的。除张绣外，诸将封户未有满千户的。

曹操的集权政策也为他的子孙所继承。魏文帝对于各封户本已很少的封侯，还采取汉武帝推恩的办法，从他的封户中分出一部分封他另外的儿子为列侯。

魏的同姓封国，情形更惨。皇帝的子弟，名义上虽也封王，而实际上却毫无实权，甚至毫无自由，和囚徒一样。皇帝对诸侯王管制极严。法令规定：诸侯王皆须就国，不得停留在京师，诸侯王不得辅政，诸侯王也不得和别人来往。《三国志》的作者陈寿评述魏的封国说："魏氏王公既徒有国土之名，而无社稷之实，又禁防壅隔，同于囹圄。"（《三国志・魏志・武文世王公传》）另一位史家也说："虽有王侯之号，而乃侪于匹夫，县隔千里之外，无朝聘之仪，邻国无会同之制，诸侯游猎不得过三十里。又为设防辅监国之官以伺察之。王侯皆思为布衣而不能得。"（《三国志・魏志・武文世王公传》注引袁子曰）

所以，我们看得出来，在曹魏政权下有两种力量在矛盾着，一种是集权的力量，一种是日益发展起来的世家豪族势力。

司马氏对曹魏的政权争夺，正是代表着世家豪族对集权政治的反抗。在曹魏中央集权政策的控制下，这些地方势力的世家豪族虽然不敢公开反抗，但对集权蕴藏着不满。在王凌计划起兵反对司马懿之前，他的儿子王广曾有一信劝他不要起事，信上说：司马懿诛杀曹爽及其同党，“同日斩戮，名士减半，而百姓安之，莫或之哀”（《三国志·魏志·王凌传》注引《汉晋春秋》）。所谓百姓，当然是指的一般世家豪族阶级，不会是劳动人民。百姓的“莫或之哀”，正说明世家豪族是不同情曹氏的。魏明帝时，兖州刺史王昶曾指出这是曹魏政权的危急。他说：“魏承秦汉之弊，法制苛碎，不大厘改国典，以准先王之风，而望治化复兴，不可得也。”（《三国志·魏志·王昶传》）但王昶这种微弱的呼声，在曹魏中央集权打击豪强的大氛围中，没有被注意。

东汉以来发展起来的世家豪族，其势力是强大的。汉末以来分散性的地方经济的发展，更是促进分权的世家豪族势力发展的物质基础。在当时的具体历史条件下，它是有可能冲倒集权政治而成为政治上的支配力量的。掌握着这一历史条件的便是司马懿父子。

曹氏与司马氏的斗争，是集权和分权的斗争，是专制皇权和世家豪族的斗争。司马氏的胜利代表着分权的世家豪族的胜利。

第二节　西晋

一、晋的统一

魏、蜀、吴三国中，魏的疆土最广，它西到陇，东抵朝鲜半岛，南至淮河、长江。它所占的地方，大约有汉时十三州中的九个州（司隶、冀、幽、并、兖、徐、豫、青、凉）。吴地次之，北以长江为界，西抵蜀，南到交州，约有汉时十三州之三（扬、荆、交趾）。蜀地最小，北至汉中，南至南中（约今之云南、贵州），仅有汉十三州之一（益州）。就富庶和人口说，也是魏地比较最富，人口最多。灭蜀以前，魏的户口数是：户663423，口2300000。蜀除益州中心部分是“沃野千里”的富庶区外，其他地方多是落后的，人口也是少的。蜀亡时，只有户280000，口940000。

汉末董卓之乱，军人混战，北方破坏最大。但自从三国分立局面成立后，曹魏大规模地施行屯田，兴修水利，提倡增加生产，北方的经济就逐步上升。吴和蜀也注意境内土地的开发和生产的恢复，但究竟由于历史条件的落后，在同都恢复中，还赶不上北方，这就使三国斗争中，北方常居于优势。三国鼎峙时期，吴、蜀常是联合以抗魏的。在刘备三顾茅庐去请诸葛亮出山时，诸葛亮就给他划策：将来要自己占有荆、益，“结好孙权”以抗曹操（《三国志·蜀志·诸葛亮传》）。其所以如此，就是上述基本条件使然。

但实际斗争中的兴亡盛衰，一方面取决于客观条件，一方面也看主观的人为的努力。

在诸葛亮执政时期，蜀的政治是修明的。《三国志》作者陈寿称述诸葛亮的治蜀：“科教严明，赏罚必信，无恶不惩，无善不显，至于吏不容奸，人怀自厉，道不拾遗，强不侵弱，风化肃然也。”（《三国志·蜀志·诸葛亮传》）又说诸葛亮死后“黎庶追思以为口实，至今梁、益之民咨述亮者，言犹在耳。虽甘棠之咏召公，郑人之歌子产，无以远譬也。孟轲有云：‘以逸道使民，虽劳不怨；以生道杀人，虽死不忿。’信矣”（同上引书传）。

诸葛亮在蜀的政治，可以说是好的。第一，他的法令是严明公正的。因为严明，才能使“吏不容奸，人怀自厉”。同时还不仅严明，而且公正。陈寿说他：“抚百姓，示仪轨……开诚心，布公道。……终于邦域之内，咸畏而爱之，刑政虽峻而无怨者，以其用心平而劝戒明也。”（同上引书传）“刑政虽峻而无怨者”就是因为他“用心平而劝戒明”。第二，他的吏治是好的，在他的执政时期，人民可以过着“道不拾遗，强不侵弱”的安定生活。第三，他的军纪是严明的，做到军不扰民。史书说他在渭南前线的时候，“分兵屯田为久驻之基，耕者杂于渭滨居民之间，而百姓安堵，军无私焉”（同上引书传）。第四，他对待西南各族的政策是好的。他的“心服为上，兵战为下”的政策，在南中不留兵不留官的政策，总比烧杀抢劫为好。他虽然利用南中夷族的渠帅来统治夷人，并且使夷人纳贡出兵，但在当时阶级社会的条件下，我们不能要求诸葛亮不叫夷人纳贡出兵；在夷族还在部落阶段的条件下，我们也不能要求诸葛亮不利用他们的渠帅酋长来对他们进行统治。诸葛亮能够如此，而不打破他们的部落组织，强制地虏掠他们出来做奴隶，已是可以肯定地说是比较进步、比较好的了。

诸葛亮曾六次出兵北伐，企图灭曹魏，但都没有成功，公元234年死于五丈原前线。

诸葛亮死后，蜀有蒋琬、费祎。他们两个都是只能守成的人，已经没有进攻的能力。史家裴松之说："蒋、费为相，克遵划一，未尝徇功妄动。”（《三国志·蜀志》卷一四评注）

费祎曾对姜维说："吾等不如丞相，亦已远矣。丞相犹不能定中原，况吾等乎？且不如保国治民，敬守社稷。"（《三国志·蜀志·费祎传》注引《汉晋春秋》）蒋、费以后，后主信用宦官，蜀的政治就逐渐坏下去。

公元263年，魏以钟会、邓艾等三路伐蜀。邓艾由阴平道进兵，行经七百里无人烟的草原山地，绕过蜀军所守的剑阁的背后，直攻成都。后主出降，蜀亡。

蜀亡以后，吴的形势已孤。

孙权壮年以前，吴的政治是安定的。晚年权和吴大臣、世家豪族的矛盾发展了。孙权任用校事吕壹杀死很多功臣。在他的儿子孙亮、孙休时期，政治上很不安定。统治阶级内部时有变乱，人民也时常起义反抗。《三国志·吴志·孙休传》："交趾郡吏吕兴等反，杀太守孙谞。谞先是科郡上手工千余人送建业，而察战至，恐复见取，故兴等因此煽动兵民，招诱诸夷也。"同书传又说："海贼破海监。……庐陵、豫章民张节等为乱，众万余人。"

孙休死后，孙权的孙子孙皓即位，吴的政治更坏。《三国志·吴志·陆凯传》："政事多谬，黎元穷匮。"贺邵向孙皓上疏："自登位以来，法禁转苛，赋调益繁。"（《三国志·吴志·贺邵传》）人民除受皇帝官吏的剥削外，还要受世家豪族的兼并压迫。吴的晚世，豪族的势力极盛，生活也极腐化。《抱朴子·吴失篇》说：“吴之晚世，……贤者不用，滓秽充序，纪纲弛紊，吞舟多漏。……主昏于上，臣欺于下。……牧民之吏，非母后之亲，则阿谄之人也。……势利倾于邦君，储积富乎公室。……僮仆成军，闭门为市。牛羊掩原隰，田池布千里。……金玉满堂，妓妾溢房，商贩千艘，腐谷万庾。……吴主不此之思，……谷帛靡于不急，而不以赈战士之冻馁。”

公元279年（晋武帝咸宁五年）晋大举伐吴。从东到西，六路出兵，大军共二十余万。吴的军队，大多是不战而溃的。欺压人民，剥削人民，失去人民的拥护的政权是不能维持的。晋军王濬一路自蜀浮江而下，直抵吴京城建业（今南京），孙皓出降，吴亡。

从东汉末，分裂数十年的局面，到此又归于统一。

二、占田、课田和户调式

户调式是西晋政府剥削劳动人民的主要形式，占田、课田制是这种剥削形式的基础。

户调式和占田、课田制是公元280年晋武帝灭吴统一全国后公布的，《晋书·食货志》记载它的内容说：

又制户调之式。丁男之户岁输绢三匹，绵三斤；女及次丁男为户者半输；其诸边郡或三分之二，远者三分之一；夷人输賨布，户一匹，远者或一丈。男子一人占田七十亩，女子三十亩。其外，丁男课田五十亩，丁女二十亩，次丁男半之，女则不课。男女年十六已上至六十为正丁；十五已下至十三，六十一已上至六十五为次丁；十二已下，六十六已上为老小，不事。远夷不课田者，输义米，户三斛，远者五斗，极远者输算钱，人二十八文。

这一段记载，文字不够明确，产生许多问题。其中主要的问题有两个。一个是占田和课田的意义如何，两者的关系如何；一个是晋的占田、课田户，有没有田租，如何纳法。

有些人认为占田、课田就是政府把国有土地给予人民。但给田的数目又有不同解释，一种解释认为课田是在占田之外，即占田七十亩外又有课田五十亩，共一百二十亩。另一种解释认为课田在占田之内 ，即七十亩是总数，七十亩内有五十亩是课田。近来唐长孺先生又提出一种新的解释，认为“占田只是空洞的准许人民有权占有法令上所规定的田亩”，“占到占不到，那是另外一个问题”。“课田是督课耕田之意，一般人民自十六岁至六十岁不论你是否自己有田，政府一定要你耕种五十亩（丁女则二十亩），这是所谓‘驱民归农’的意思。”（唐长孺《魏晋南北朝史论丛》第49—50页）

从《晋书·食货志》原文“男子一人占田七十亩，女子三十亩。其外，丁男课田五十亩，丁女二十亩”来看，课田是在占田以外的。怀疑课田是在占田以外的理由是：七十亩加五十亩是一百二十亩，一人耕一百二十亩，未免太多，不可能耕得过来。这理由不十分有力。我们知道，西晋正是好加多每个劳动农民的耕地面积的。当时的一个大官傅玄就说：“近魏初课田不务多其顷亩，但务修其功力。……自顷以来，日增田顷亩之课，而田兵益甚，功不能修理，至亩数斛已还，或不足以偿种。非与曩时异天地横遇灾害也，其病正在于务多顷亩，而功不修耳。”（《晋书·傅玄传》）

从《晋书·食货志》所载“远夷不课田者，输义米”来看，很明显的课田不仅是“督课耕田”，而是和收租有联系的，课田是为丁收田租。在晋代，田租也被称为户课。《晋书·武帝纪》：“太康五年，任城、梁国、中山雨雹伤秋稼，减天下户课三分之一。”可知课田、户课（田租）是有联系的。

西晋有没有田租呢？有的认为西晋没有田租，田租已并入户调之中丁。《文献通考》的作者马端临似乎就是认为如此的。他在《文献通考》卷一《田赋门》讲西晋的户调时说："按两汉之制三十而税一者，田赋也；二十始传，人出一算者，户口之赋也。今晋法如此，则似合二赋而为一。然男子一人占田七十亩，丁男课田五十亩，则无无田之户矣，此户调所以可行欤？"

但认为行户调后无田租是错误的，因为《晋书》中有明确的记载说明西晋行户调之后仍有田租。例子如下：

> 太康三年（公元 282 年）十二月，诏四方水旱甚者，无出田租。（《晋书·武帝纪》）
>
> 太康四年（公元 283 年）七月，兖州大水，复其田租。（同上引书纪）

这是户调式刚颁布后一二年的事。另外，武帝死惠帝刚即位时曾"复租调一年"（《晋书·惠帝纪》），调是户调，租当是指田租。永兴元年，惠帝又诏"户调田租三分减一"（同上引书纪），明确地证明田租和户调是同时存在的。

田租是有的，问题在于田租如何征收，租额是多少。这里又是有不同的意见的。有的认为占田七十亩中的课田五十亩的收获全是田租，缴纳给政府。有的认为这样田租高到收获的七分之五未免太重了，主张课田是在占田之外，占田七十亩的收获自有，另外课田五十亩的收获归政府。

无论课田五十亩是在占田之内或以外，这两者都是认为西晋的田租是劳役地租，五十亩课田的收获完全归政府。

徐坚《初学记》卷二七引《晋故事》有这样一段记载："凡民丁课田，夫五十亩，收租四斛，绢三匹，绵三斤。"

《晋故事》是晋朝品式章程的汇编，是官府档案的辑录，史料价值是很高的。《晋故事》的编纂年代，大约是武帝太始初年，但其后可能续补过。从"凡民丁课田，夫五十亩"和"绢三匹，绵三斤"，也可以肯定它是西晋的制度。

从"民丁课田，夫五十亩，收租四斛"看，田租是按丁征收的。但联系《晋书·食货志》"丁男之户岁输……，女及次丁男为户者半输"来看，民丁或丁男事实上就是户的代称。所以《晋故事》的"凡民丁课田，夫五十亩，收租四斛，绢三匹，绵三斤"和《晋书·食货志》"丁男之户岁输绢三匹，绵三斤"是相同的，丁男或民丁，同时又就是户。

《晋书·食货志》没有田租的记载，但从上下文看，可能是有漏文的。既然说"远夷不课田者"，还要输义米，那么已课田的必然是有田租的。远夷输义米的是"户三斛，远者五斗"，那么课田的就可能也是按户出租，同时又必然比三斛多。另外，东晋过江后，一切制度大体仍是沿袭西晋的，拿《隋书·食货志》关于东晋户调田租的记载来对比着看，也可以看出《晋书·食货志》的记载或有漏文，同时《隋书·食货志》的有关记载也可以作为旁证，说明西晋有田租，田租是按丁男（实际上即户的代表人）来纳的。《隋书·食货志》的记载说："其课，丁男调布绢各二丈，丝三两，绵八两，禄绢八尺，禄绵三两二分，租米五石，禄米二石，丁女并半之。"

西晋的占田、课田制是在罢屯田、罢州郡领兵的基础上出现的，换言之，它是从曹魏的屯田和州郡领兵制演变来的。

秦汉时期，除去奴隶和有些耕种皇帝公田的劳动者，是属于政府各官管理外，一般编户齐民都是在郡县乡里的管理下的。他们对国家负担着同样的义务。汉末三国初，劳动人民分化为一般编户、屯田客和军户三种人，三种人分属于国家三个不同系统的管民机构。编户属于郡县，屯田客属于典农，军户则属于州郡和其他军事机关。

三个不同系统管理下的人民对政府的负担是不同的。郡县系统下的人民是秦汉郡县编户齐民的延续，对国家有租赋徭役负担。屯田系统下的屯田客只管种田纳租，不负担其他赋税徭役，既不服兵役，也不服力役。《三国志·魏志·贾逵传》："太祖……以逵领弘农太守。……其后发兵，逵疑屯田都尉藏亡民。都尉自以不属郡，语言不顺。"《三国志·吴志·孙休传》："永安六年，丞相（濮阳）兴建取屯田万人以为兵。"前例说明屯田客无兵役，逃入屯田可以相隐混。后例，丞相建议取屯田客为兵，屯田客之无兵役更清楚。军户的负担是屯田作战。从屯田上说他和屯田客一样，屯田中的收获大部分要交给政府，不同的是他还服兵役。

军户中一大部分是受州郡管理的，《三国志·魏志·司马朗传》："（朗）又以为宜复井田。往者以民各有累世之业，难中夺之，是以至今。今承大乱之后，民人分散，土业无主，皆为公田，宜及此时复之。议虽未施行，然州郡领兵，朗本意也。"

把劳动人民分成三类，分属三个不同的系统，各对政府提供不同的负担，这是适合汉末魏初荒乱时代的社会需要的。正像我们前面讲曹魏屯田时所讲的，当时的情况绝对需要把一些劳动人民安插在屯田的土地上种田纳租。为了使他们能够集中力量于农业生产，就免除他们的一切徭役，并免除其他赋税的负担。州郡领下的军户也是一样。州郡的军户，是地方军队，出外作战的机会比中央的军队少，他们住在地方上，平时主要的任务也就是种田纳租。就前面引的《三国志·魏志·司马朗传》看，他本来建议要恢复井田，为什么井田未恢复，而使“州郡领兵”也就是“朗本意也”呢？可见州郡的兵所种的是公田，他们是向政府纳田租的。

但是到了和平安定的时代，这种分法就不需要了。在乱时，统治阶级最需要的是粮食，因为没有粮食就站不住脚。到了安定时代，统治阶级所需要的已不是更多的粮食。这时统治阶级安定了，生活安适了，他们所需要的是更多的享受，是如何使劳动人民向他们提供更多的劳役，大兴营建，满足他们奢侈方面的要求。

从魏文帝时开始，专力于农桑的屯田制已遭到威胁。《三国志·魏志·司马芝传》：“先是诸典农各部吏民，末作治生以要利入。芝奏曰：‘……武皇帝特开屯田之官，专以农桑为业。建安中天下仓廪充实，百姓殷足。自黄初以来，听诸典农各为部下之计，诚非国家大体所宜也。……今商旅所求虽有加倍之显利，然于一统之计，已有不赀之损，不如垦田益一亩之收也。夫农民之事，……终岁无日不为农事也。今诸典农各言留者为行者宗田，计课其力，势不得不尔，不有所废则当素有余力。愚以为不宜复以商事杂乱，专以农桑为务于国计为便。’明帝从之。”但明帝生活豪华奢侈，修建宫室，就常常破坏屯田制的原来规定，强以屯田农民出役，给他兴建宫

室。（参看《三国志·魏志·毌丘俭传》及《晋书·太祖文帝纪》）

社会的安定，使屯田和州郡领兵成为不需要，屯田制和州郡领兵没有必要维持。统治阶级对徭役的要求大过对粮食的要求，也促进了屯田制和州郡领兵制的早日破坏。到魏末晋初，统治阶级就索性以"以均政役"为漂亮的口实，实行废除屯田和州郡兵。公元264年（魏陈留王奂咸熙元年），"是岁罢屯田官，以均政役。诸典农皆为太守，都尉皆为令长"（《三国志·魏志·陈留王奂纪》）。这次政令，似乎没有能完全实施，二年后，公元266年（晋武帝泰始二年），又一次的"罢农官为郡县"（《晋书·武帝纪》）。公元280年又罢州郡兵。（《晋书·山涛传》）

屯田改为郡县，州郡兵也罢去，屯田客和州郡的军户都成为属于郡县领下的编户齐民，他们当然是和一般人民同样，对政府有着同样的负担，这就是所谓"以均政役"了。随着这个大变动，就来了占田、课田和户调式的变动。这个时代仍是地旷人稀的，政府掌握着大量的土地，以前屯田客和州郡军户耕种的都是政府的公田，现在屯田和州郡兵取消，政府就仍把土地分给这些劳动者，从安定农民的生活着手，使政府的剥削有了基础，有了保障。这就是占田、课田和户调式的一套制度。

户调、田租的剥削形式也不是西晋突然创造出来的，而是从汉末曹魏的制度中演化出来的。

汉代人民对政府的负担，有田租、口赋、筭赋、更赋和徭役等。东汉出现了调，但仍是指的政府的征调，不是一种税入的名称。汉末曹操统治的区域内，才出现了以户为征收单位的户调。《三国志·魏志·赵俨传》：“时袁绍举兵南侵，遣使招诱豫州诸郡，诸郡多受其命，惟阳安郡不动。而都尉李通，急录户调。俨见通曰：‘方今天下未集，诸郡并叛，怀附者复收其绵绢，小人乐乱，能无遗恨。且远近多虞，不可不详也。’通曰：‘绍与大将军相持甚急，左右郡县背叛乃尔，若绵绢不调送，观听者必谓我顾望，有所须待也。’”从文字记载上看，户调制度的成立一定还早于此时，但这是关于户调的最早记录。这段记载，显示调是以户为单位来征收的，调的内容是绵绢实物。公元204年（建安九年）曹操取得冀州，下令：“其收田租亩四升，户出绢二匹，绵二斤而已，他不得擅兴发。”（见前引）这是文献中关于曹操田租户调制最具体的记载，田租是以亩为征收单位，每亩四升；调以户为征收单位，每户绢二匹、绵二斤。大约曹魏时期，仍然继续实行着这种税制和税额。

西晋的户调式就是从曹魏的户调田租制发展来的。由于西晋取消了屯田，取消了州郡领兵，男子一人可以占田七十亩，丁男一人又有五十亩的课田，人民土地的占有比较平均，所以田租也就可以和户调一样，由以亩为征收单位，改为以丁男或户为征收单位了。

三、大土地所有制和门阀豪族

在西晋政府制定户调之式，并规定出劳动人民的占田、课田的数额的同时，对于豪族地主的占田数额也做了规定，并且对于豪族地主可以荫庇的佃客和衣食客的数目也加以规定。上引《晋书·食货志》规定人民占田、课田的一段文字后面接着说：

> 其官品第一至第九各以贵贱占田。品第一者占五十顷，第二品四十五顷。（以下每减一品减五顷，至第九品十顷）……而又各以品之高卑荫其亲属，多者至九族，少者三世。宗室、国宾、先贤之后，及士人子孙亦如之。而又得荫人以为衣食客及佃客，品第六以上得衣食客三人，第七、第八品二人，第九品及举辇，迹禽……一人。其应有佃客者，官品第一、第二者，佃客无过五十户，第三品十户，

第四品七户，第五品五户，第六品三户，第七品二户，第八、第九品一户。

这段记载里包含两个规定，一个是对于官僚即世家豪族占田的规定，一个是对于官僚世家豪族荫庇人口的规定。

首先应该指出，官僚豪族的占田数额是远远超过劳动人民的占田数额的。第九品的下级小官都能占田十顷，即一千亩，超过一个劳动人民十四倍多。但问题还不在数量，更重要的在性质。劳动人民的占田、课田，是供给他们以生存的手段，好使他们能向统治阶级提供劳动力，可以被剥削；官僚地主的占田则是向他们提供生产手段使他能够向劳动人民进行剥削。同是占田，性质是截然不同的。不能单从文字形式和数额上来看，模糊了对问题本质的认识。

同时，占田数额的规定，只是对于官僚豪族可以从政府取得土地的规定，并非官僚豪族可以占有的土地的限额。换言之，官品占田的规定，只是政府对于他的官员依品级高低应该给予的土地的规定，而不是各级官员所能够私有土地的限额。《晋书·李重传》载李重反驳恬和请限制王公以下奴婢数额的建议说："诸侯之轨既灭，而井田之制未复，则王者之法不得制人之私也。人之田宅既无定限，则奴婢不宜偏制其数。

惧徒为之法，实碎而难检。”这里李重自然是代表豪族地主说话的，他反对限制王公以下的奴隶数额。但从他所说“人之田宅既无定限”，知道当时（李重说话的时间，大约在太康中，即占田制颁布后。从唐长孺先生说）对于私人占有土地数额是没有限制的。实际的例子，也说明西晋豪族地主所有土地是没有限制的。很多豪族大官占有大量的土地。如王戎“性好兴利，广收八方园田水碓，周遍天下”（《晋书·王戎传》）。又如石崇，“水碓三十余区，仓头八百余人，他珍宝货贿田宅称是”（《晋书·石崇传》）。又如庞宗，有田超过二百顷（《晋书·张辅传》）。

中国中世纪初期，政府法令上承认世家豪族可以占有人口，而且他所占有下的人口可以有免租役特权的记录，第一次是前引《晋书·王恂传》所载“魏氏给公卿以下租牛客户，数各有差”。我们知道曹魏是打击豪族的，这里所说的“魏氏”，大约是实际上政权已掌握在司马氏之手的时期，即曹魏的晚期。这一规定的详细内容是不知道的。所以明确详细地规定出品官可以依等级占有人口，占有人口的数额、种别，要算上引《晋书·食货志》所载晋武帝太康元年这一次的规定。

西晋皇室司马氏是代表世家豪族、地主阶级的利益在和主张集权政治的曹魏斗争中获得胜利而取得政权的。占有大土地和占有人口的世家豪族所以拥护司马氏来夺取曹魏的政权，也是为了在晋的政权下，他们可以巩固他们已得的特权并获得更多的特权。因此，司马氏在他已实际取得政权但还维持着曹氏傀儡政权形式的时候，就先给公卿以下租牛客户，等到灭吴统一全国后，又来了这一次明确详细的规定。

从东汉以来，世家豪族就在事实上占有人口，但直到曹魏末年和西晋武帝时，才在法律上先后取得政府的承认，而且明确地承认世家豪族领下的人有免除租役的特权。这是世家豪族极大的胜利。

自然，对于世家豪族能够荫庇的佃客、衣食客数额的提出，也就包含着限制的意思。

由于土地的荒芜，人口的减少，西汉以来就是极严重问题的土地问题，魏晋时期已不是严重的问题。魏晋时期严重的问题是人口问题，劳动力问题。统治阶级内部斗争中主要的问题就是人口的争夺。

西晋政权虽是世家豪族地主阶级的政权，但在地主阶级内部，司马氏皇室和一些世家豪族还是有斗争的，他们互相争夺劳动力。《晋书·王恂传》说："武帝践位，诏禁募客。恂明峻其防，所部莫敢犯者。"这应该是公元265年晋武帝即位时的事。到了公元269年，武帝又敕戒郡国计吏："豪势不得侵役寡弱，私相置名。"（《晋书·食货志》）晋初，政府对于抢夺人口的贵族地主，有时还是真能给以制裁的。《晋书·高阳王睦传》："咸宁三年（公元277年），睦遣使募徙国内（中山国）八县，受逋逃、私占及变易姓名诈冒复除者七百余户。冀州刺史杜友奏：'睦招诱逋亡，不宜君国。'……诏曰：'……其贬睦为县侯。'乃封丹水县侯。"

但西晋对于官僚地主的用法是非常宽的。《晋书·胡威传》载："威尝谏时政之宽，（武）帝曰：'尚书郎以下，吾无所假借。'威曰：'臣之所陈，岂在丞郎令史，正谓如臣等辈，始可以肃化明法耳。'"《晋书·傅咸传》载："时朝廷宽弛，豪右放恣，交私请托，朝野溷淆。"东晋初年的王导批评西晋的政治也说："自魏氏以来，迄于太康之际，公卿士族，豪侈相高，政教陵迟，不遵法度。群公卿士皆餍于安息，遂使奸人乘衅，有亏至道。"（《晋书·王导传》）所以，西晋品官占田占人口法令的公布，使官僚地主有公开取得特权的实惠，至于限制的一面，实际效果恐怕是不大的。

西晋时期，世家豪族独占政府官位的特权也形成了，当时所实行的"九品中正"法更加巩固了世家豪族在这方面的特权。

“九品中正”就是在各州郡县设置大小中正，负责评定本地方的人物，依“人才优劣”分为等级，一共有九个等级，即九品，所以就称为九品中正。这种办法创置在魏文帝时期，建议这种办法的重要人物是当时文帝的一位大臣陈群。史称：“陈群为吏部尚书，制九格登用，皆由于中正。”（《太平御览》卷二一四引《晋阳秋》）各地方的大小中正官多半是由本地的官僚尤其在中央政府任职的官来兼任。《通典》卷一四说：“魏氏革命，州郡县供置大小中正，各以本处人任诸府公卿及台省郎吏有德充才盛者为之。”

在世家豪族已经形成为特权阶级的阶级社会里，世家豪族的官僚人物掌握了选举人才的权柄以后，他们的推选自然首先是本阶级的人物。在西晋时就形成了“上品无寒门，下品无势族”（《晋书·刘毅传》，武帝时毅上疏论九品中正制之害语）和“据上品者，非公侯之子孙即当涂之昆弟也”（《晋书·段灼传》）的局面。

世家豪族有了政治经济各方面的特权，独占了政府的官位，依他们的特权和政治上地位的高低，他们间便形成了高低不同的门第，他们又互相以门第相夸，东晋南北朝时期的门阀制度就在这时逐渐形成了。

四、西晋统治阶级的腐败和八王之乱

经过三国时期劳动人民的努力和统治阶级屯田政策的实施，生产力逐渐恢复。这种恢复在西晋灭吴统一全国时达到最高点。史书记当时的经济情况说："太康中……牛马被野，余粮委亩，行旅草舍，外闾不闭，民相遇者如亲，其匮乏者取资于道路。故当时有'天下无穷人'之谚。"（干宝《晋纪·总论》）

随着农业的恢复，商业也跟着发达起来。长江是东西交通的主线，石崇做荆州刺史，公开劫夺来往商客，遂致大富（《晋书·石崇传》）。交州、广州的奇珍异物更是北方统治阶级所最希冀的宝物。由于商业交换的抬头，钱货成为一般人追逐的对象，西晋很多有名的大官都是贪钱爱财的。如王戎，"性好兴利，广收八方园田水碓，周遍天下，积实聚钱，不知纪极。每自执牙筹昼夜算计，恒若不足"（《晋书·王戎传》）。王戎非常吝啬。他的女儿借了他的钱，久未归还，他就不高兴。他女儿把钱还了，他才高兴起来。他的侄子结婚，他只送了一件衣服，但婚后又要了回来。他园子里的李子很好，他出卖的时候，恐别人得了好的种子，就先钻其核，然后出卖。

武帝的儿子惠帝时候，一个读书人鲁褒写了一篇《钱神论》讽刺人们的爱钱。他说，钱是好东西，人人都喜它。“洛中朱衣当途之士，爱我家兄（指钱）皆无已已。……谚曰：钱无耳，可使鬼。凡今之人，唯钱而已。故曰：军无财，士不来，军无赏，士不往，仕无中人不如归田，虽有中人而无家兄，不异藏翼而欲飞，无足而欲行。”（《晋书》卷九四《鲁褒传》）

西晋时期，官僚地主世家豪族阶级手里集中了大量的社会财富。财富集中在少数富有阶级的手里而又没有扩大再生产的出路的时候，一遇到商业交换的发展，往往就产生两种情况：一种情况是看见“钱”的重要，因之就极力设法取得钱而又生活得极端吝啬，不肯用掉钱，如像上面我们所曾举出的王戎；另一种情况是受奇物异品的引诱走向穷奢极欲、腐败堕落的生活享受。后一条路又是比较一般的。

在中国历史上，贵族地主阶级生活的腐朽堕落，西晋时期大约达到最高峰。前此后此的贵族地主阶级生活的腐朽堕落和西晋贵族地主阶级比较起来，似乎都是不及的。

晋武帝是晋朝的开国之君，头一个皇帝，其实并不英武。实际上为晋家夺得天下的是他的祖父司马懿、伯父司马师和他的父亲司马昭，到他的时候是大局已定，坐享其成而已。武帝做皇帝之后，在政治上并没有什么设施和经国宏谋。他的大臣何曾曾说，朝见武帝时，从来没有听见谈过什么“经国远图”，只是说些“平生常事”而已（《晋书·何曾传》）。平吴之后，生活即日趋腐化。史称：“帝多内宠，平吴之后，复纳孙皓宫人数千。自此掖庭殆将万人，而并宠者甚众，帝莫知所适。常乘羊车，恣其所至，便宴寝。宫人乃取竹叶插户，以盐汁洒地，而引帝车。”（《晋书·胡贵嫔传》）

官僚贵族阶级，生活更是腐朽堕落不堪。大官僚石崇，“财产丰积，室宇宏丽。后房百数，皆曳纨绣，珥金翠。丝竹尽当时之选，庖膳穷水陆之珍。”（《晋书·石崇传》）他和外戚王恺斗富：“恺以饴澳釜，崇以蜡代薪。恺作紫丝布步障四十里，崇作锦步障五十里以敌之。崇涂屋以椒，恺用赤石脂。”（同上引书传）大官僚何曾奢侈豪华，吃的比皇帝还好。他日食万钱，还说，“无下箸处”（《晋书·何曾传》）。他的儿子何劭又过于他，“一日之供以钱二万为限”（同上引书传）。

更可耻的是他们生活的荒淫。王恺请客使女妓吹笛，如果小失声韵，便拉去杀死。使美人劝酒，如果客饮不尽，便把劝酒的女子杀掉。碰到残忍成性的贵族客人，便故意不喝，要主人把劝酒的杀死以取乐。（《晋书·王敦传》）像这种荒淫无耻、腐朽堕落的例子，不胜其举。

在政治上，西晋政府一方面对世家豪族让步，承认世家豪族人口分割和免除租役的特权，一方面又采取分封的政策，恢复了封国制。公元264年，司马氏已经取得政权但还没有废掉曹魏皇帝的时候，就先恢复了五等爵，公、侯、伯、子、男各有封户封邑。晋武帝受禅以后，又行封国制，“封诸王以郡为国，邑二万户为大国，置上中下三军，兵五千人；邑万户为次国，置上军下军，兵三千人；五千户为小国，置一军，兵千五百人。……罢五等之制，公侯邑万户以上为大国，五千户以上为次国，不满五千户为小国”（《晋书·地理志上》）。这些封国不仅有封土，而且有军队。事实上，这些封国之君的权势还不止此。西晋的封君还多半不是在中央领兵，就是都督一方面的地方军事领袖。如汝南王亮是以侍中大司马都督豫州诸军事，出镇许昌；楚王玮封于楚，同时即都督荆州诸军事；成都王颖为镇北大将军，居邺；河间王颙为镇西将军，镇守关中。

这些封国和领兵专居方面的封王在政治上就构成晋帝国内的一些地方割据势力。在他们和中央政府之间，和他们彼此之间，都存在着矛盾。所以武帝一死，在惠帝时期，中央与诸侯王，诸侯王与诸侯王之间，便引起一连串的政治斗争和战争，历史上称之为“贾后之乱”和“八王之乱”。司马氏之所以大封同姓，可能是鉴于曹魏之不分封同姓，皇帝之孤立无援，大约没有想到分封更是祸种。

武帝的儿子惠帝是历史上少有的愚蠢皇帝。他听见虾蟆叫声，就问他的左右：“此鸣者为官乎，私乎？”及天下荒乱，人民多饥饿而死，他却说：“何不食肉糜？”（《晋书·惠帝纪》）

武帝死前，外戚杨骏（武帝后父）乘机取得辅政大权。但武帝一死，惠帝的皇后贾后就杀了杨骏。

杨骏死后，汝南王亮和大臣卫瓘辅政。楚王玮和汝南王亮不协。贾后先使楚王玮杀了汝南王亮和卫瓘，然后又说楚王玮是矫诏擅杀亮、瓘，把楚王玮杀掉。

贾后是颇有才干的，但当时的形势是宗室诸王和大臣的势力大，惠帝暗弱，皇权不巩固。所以她杀了杨骏却又不能不请当时宗室中最有威望的汝南王亮来辅政。但把政权交给宗室大臣当然不是她所愿意的，她利用宗室诸侯王间的矛盾，使勇猛的楚王玮杀死汝南王亮和卫瓘，同时却又以矫诏的罪名，诬杀了楚王玮。

贾后和太子遹间有矛盾。太子遹是惠帝的长子，但非贾后所生。太子遹是以聪慧闻名的，自小为武帝所喜爱。惠帝为太子时，地位很不巩固，但所以维持下来，其中原因之一就是因为有太子遹。武帝觉得他这个聪明能干的孙子将来是可以继承大统的。

拥护贾后和拥护太子的人形成对立，他们间的斗争终于演成贾后废掉太子，最后又把太子杀死。

另一宗室赵王伦挑拨贾后和太子遹的关系，利用贾后杀了太子遹，却又借口为太子报仇，起兵诛杀贾后。赵王伦取得政权后，索性废了惠帝，自己做起皇帝来。

齐王冏联合成都王颖和河间王颙起兵讨伦，杀伦，同执朝政。河间王颙又联合长沙王乂讨杀齐王冏，然后河间王颙又和成都王颖起兵讨乂。成都王颖掌握了政权。这之后，又有东海王越对成都王颖和河间王颙的斗争，颖、颙都失败在东海王越手里。从汝南王亮到东海王越一共有八个王参加斗争，中间又加着一个贾后，所以历史上就称之为“贾后之乱”和“八王之乱”。

“贾后之乱”和“八王之乱”是司马氏采取分权的封国制的必然结果，其性质是皇权和分权的斗争，是地方分权势力互相争夺皇权的斗争。这里一点也不能从人性善恶和这些人喜于骨肉相残上来解释。这从贾后能够尊重张华任用张华上得到说明。《晋书·张华传》载：“贾谧（贾后的侄子）与后共谋，以华庶族，儒雅，有筹略，进无逼上之嫌，退为众望所依，欲倚以朝纲，访以政事。疑而未决，以问裴頠。頠素重华，深赞其事。华遂尽忠匡辅，弥缝补阙，虽当暗主虐后之朝而海内晏然，华之功也。华惧后族之盛，作《女史箴》以为讽，贾后虽凶妒，而知敬重华。”从张华是庶族，进不能逼上，贾后就能用他而且尊敬他，使我们体会到她和宗室各王的斗争，主要的是因为他们都是有势力的贵族，是有逼上之嫌的。

从惠帝即位贾后杀杨骏到东海王越掌政，惠帝死，前后十六年。经过这场骨肉自相残杀，司马氏的统治力便大为削弱，隐伏在统治阶级压迫剥削下的阶级矛盾和民族矛盾便相继爆发了。

五、流民暴动，胡族起事和西晋的灭亡

西晋后期的流民暴动和胡族起事是交织在一起的。

从秦汉以来，汉族和西方北方各族作战，对于投降的胡人，多半就把他们迁移到塞内居住，使他们和汉人杂处在一起。他们一方面仍保存着部落组织，一方面和汉人一样，要受所在郡县官吏的管辖。

被迁移到塞内和汉人杂处的人，在北方以匈奴人为最多。到东汉末年曹操起来的时候，为了便于管理，曾把匈奴人分为

五部。魏晋时期，种姓繁殖，布满并州各地，《晋书·北狄匈奴传》载："其部落随所居郡县，使宰牧之，与编户大同，而不输贡赋。多历年所，户口渐滋。……建安中，魏武帝始分其众为五部，部立其中贵者为帅，选汉人为司马以监督之。魏末复改帅为都尉。其左部都尉所统可万余落，居于太原故泫氏县；右部都尉可六千余落，居祁县；南部都尉可三千余落，居蒲子县；北部都尉可四千余落，居新兴县；中部都尉可六千余落，居太陵县。武帝践祚，后塞外匈奴大水塞泥黑难等二万余落归化，帝复纳之，使居河西故宜阳城下。后复与晋人杂居。由是平阳、西河、太原、新兴、上党、乐平诸郡（今山西省境），靡不有焉。"

散居在西方边境各郡的是氐族和羌族。和匈奴族一样，氐族、羌族一方面要受汉人政府的管辖，一方面似乎也还维持着他们的部落组织。《魏略·西戎传》说："今虽都统于郡国，然故自有王侯在其虚落间。"（《三国志·魏志》卷三〇评注引）如《晋书·苻洪载记》说："略阳临渭氐人也，……父怀归，部落小帅。"散居在西方关中的氐、羌各族人口，数量是很大的。据西晋江统说，当时，"关中之人，百余万口，率其户口，戎狄居半。"（《晋书·江统传》）

汉人是统治族，是征服者。汉族的统治阶级对自己同族的劳动人民还要尽力地压迫剥削，对于被征服族当然是更不会放松的。汉末以来，地方的割据势力就多以外族人为兵。如公孙瓒、袁绍、刘备、曹操都曾以北方的乌桓、鲜卑、匈奴人为兵。曹操曾以并州匈奴为兵。《三国志·魏志·梁习传》载："习以别部司马领并州刺史。时承高干荒乱之余，胡狄在界张雄跋扈，吏民亡叛入其部落，兵家拥众作为寇害，更相煽动，往往棋跱。习到官，诱谕招纳，皆礼召其豪右……豪右已尽，乃次发诸丁强，以为义从，又因大军出征，分请以为勇力吏兵。已去之后，稍移其家。前后送邺，凡数万口。其不从命者兴兵致讨，斩首千数，降附者万计。单于恭顺，名王稽颡，部曲服事供职，同于编户。"

我们前面已讲过，曹魏时期，太原一带的汉人地主常以匈奴人为田客，多者到数千人。不但以为田客，而且还以为奴隶。《三国志·魏志·陈群传附子泰传》载："正始中，徙游击将军，为并州刺史，加振威将军使持节护匈奴中郎将。……京邑贵人多寄宝货因泰市奴婢。泰皆挂之于壁，不发其封。"出宝货购买还是好的，必要时这些贵族统治阶级是不惜公开掠夺少数民族人民为奴隶的。晋惠帝时，并州刺史司马腾执虏群胡于山东卖充军实，两胡一枷，将诣冀州。（《晋书·石勒载记上》）石勒就在这一次被掠卖到茌平地主师欢家里做奴隶。

这些胡族，形式上虽然还好像被维持着他们的部落组织，实质上他们是越来越被解散而成为汉人官吏管辖下的编户。《晋书·刘元海载记》载匈奴右贤王刘宣的话："自汉亡以来，魏晋代兴，我单于虽有虚号，无复尺土之业，自诸王侯，降同编户。"他还说："晋为无道，奴隶御我。"

这些"降同编户"或与"编户大同"的各族人民，实际上也不是"不输供赋"，而是越来越多地输供租赋了。文献证明，他们是要出租调的。《三国志·魏志·牵招传》："出为雁门太守。……招……表复乌丸五百余家租调，使备鞍马，远遣侦候。"可见他们又有租调负担，又有徭役负担。我们前面讲过，西晋的户调制中有："远夷不课田者，输义米，户三斛，远者五斗，极远者输算钱，人二十八文。"（《晋书·食货志》）是西晋时，他们已普遍地输租调了。

汉人官吏和地主阶级对各族的欺辱压迫，汉人统治阶级自己也是知道而且承认的。晋武帝时，阮种对他说："自魏氏以来，夷虏内附，鲜有桀悍侵渔之患，由是边守遂怠，障塞不设，而令丑虏内居，与百姓杂处。……受方任者又非其材，或以狙诈侵侮边夷，或干赏啖利妄加讨戮。"（《晋书·阮种传》）惠帝时江统作《徙戎论》，也指出："戎狄志态，不

与华同，……士庶玩习，侮其轻弱，使其怨恨之气，毒于骨髓。”（《晋书·江统传》）

从晋武帝时开始，西方边地各族就不断地起来反抗晋的统治。惠帝时期，西方北方各族的反抗逐渐加剧。其中最大的反抗活动，有匈奴族郝敬、郝元度的反抗和氐族齐万年的反抗。

西晋的一些统治阶级人物，也多能看到各族反抗的危机。但他们所提出来的解决办法不是如何禁止汉人官吏地主对各族施行压迫，而是主张把在西北各地与汉人杂居的各族徙回他们的本土去。武帝平吴之后，侍御史郭钦上疏就主张：“宜及平吴之威，谋臣猛将之略，出北地、西河、安定、复上郡，实冯翊，于平阳以北诸县募取死罪，徙三河三魏见士四万家以充之。裔不乱华，渐徙平阳、弘农、魏郡、京兆、上党杂胡，峻四夷出入之防。”（《晋书·匈奴传》）武帝没有采纳他的意见。到惠帝时，江统又作《徙戎论》，提出同样的主张。

为什么汉朝不怕戎狄，要把他们徙入塞内，晋时又害怕他们，想把他们徙回去呢？原因在：汉时强，因为强就不怕各族的反抗；晋时弱，所以就怕。因此，我们可以理解，各少数民族的起事，不是晋室弱的原因，而是结果。司马氏皇朝之所以弱，仍应求之于内部历史的发展变化。换言之，不是各族起事使晋衰亡，而是晋朝对各族的压迫及自己的衰弱，才引起各族的起事。

在惠帝时期（公元294—306年），统治阶级正在尽情地腐化堕落，尽情地榨取劳动人民，统治阶级内部又互相展开了一连串的内战残杀；各族人民在酝酿起事的时候，天灾也正连年流行，大量的人口流亡也开始了。

据史书记载，这时期人口流亡是非常严重的。关中的人民有十余万口流入汉川。（《晋书·李特载记》）河东、平阳、弘农、上党诸郡人民流入颍川、汝南、南阳、河南的有数万家。（《晋书·王弥传》）益州流民之布在荆、湘的也有数万家。（《晋书·杜弢传》）并州的人民也大量地向南流移，刘琨叙述他在并州所目睹的农民流亡情况说："臣自涉州疆，目睹困乏，流民四散，十不存二，携老扶幼，不绝于路。"（《晋书·刘琨传》）

西晋流民运动的产生，和西晋政府罢除屯田制实行占田、课田制是有联系的。汉末因为人口流动大，劳动力（农民）和劳动手段（土地）分离，生产成问题，曹操才施行屯田制。以军法部勒的强制手段，从新使农民附着于土地，在屯田制下进行生产。在这种强制性的管理下，农民没有流亡的自由，因之也是不可能流亡的。西晋罢除屯田，实行占田课田制。在占田课田制下，政府对农民的强制管制解除了，农民取得更多的活动自由。

占田、课田制给农民更多的活动自由，是不是比屯田制有进步呢？对农民是不是有更多的好处呢？

占田课田制废弃了几十人一屯的形式而采取以户为单位的占田、课田形式，是更能适合小农家族生活和小农的经济经营的。在这方面，占田课田制是比屯田制进步的。但晋是大土地所有者大量占有土地、大量分割人口的时代，使农民附着于土地进行生产的组织力的解除，便利了世家豪族对农民的兼并，也便利了农民因受不了压迫剥削而流亡，脱离生产。

流民流移到新的地方，生活的困难是可以想见的。这时不但得不到当地政府和地主阶级的同情和帮助，相反的所得到的却是欺压和歧视。如关中流人在益州，官吏贪暴，反“欲杀流人首领取其资货”（《晋书·李特载记》）。流人在益州的多人佣力，政府却逼迫他们还乡，结果“人人愁怨，不知所为”（同上引书记）。于是这些流人便于所在起而暴动了。

从公元301年李特在益州领导流民暴动开始，流民暴动就不断发生。其中主要的有李特在益州的暴动，王弥在青、徐等地的暴动，张昌在江、汉间的暴动，王如在豫、荆的暴动，杜弢在荆、湘的暴动。参加这些暴动的不只是流民，从一开始这些流民暴动就是与各族人民和汉族劳动人民对西晋统治的反抗运动相结合的。如李特就是氐族，李特领导的暴动就是汉人和氐人的联合行动。（参看《晋书·李特载记》）王弥的暴动最初是青州人民起义反抗晋的统治，随后才有流民参加。（参看《晋书·王弥传》）张昌本人是义阳蛮，他领导暴动的群众是荆州逃避徭役的农民和流民。（参看《晋书·张昌传》）

在流民和各地劳动人民起而反抗晋的统治的同时，在北方以匈奴人为中心的反抗晋的统治的少数民族的起事也起来了。历史上所谓“五胡乱华”，其序幕拉开了。

五胡之乱，最先起事的是匈奴族刘渊。刘渊是匈奴族的左部帅，是匈奴的贵族，乘晋室内乱，于公元304年即汉王位于左国城（今山西离石东北），反抗晋朝。当时晋室已乱，在河北的地方武力是没有力量和刘渊的匈奴人作战的。刘渊就很快地占领了现在山西中部和南部一带地方。

刘渊之后，在东方起事的有羯族的石勒。

石勒是上党羯人。羯是匈奴种。石勒的祖、父都是部落小率。石勒幼时做过商贩，做过田客。并州刺史司马腾两胡一枷掠卖胡人为奴隶时，石勒亦在其中，被卖在山东茌平地主师欢家为奴隶，为师欢家种地。后来获得解放后，仍然为人佣力。

刘渊起事后，石勒和牧人魏郡汲桑共同起事，以应当时在赵、魏（今河北南部）起事的公师藩。《晋书·石勒载记上》载："（成都王）颖故将阳平人公师藩等自称将军，起兵赵、魏，众至数万。勒与汲桑帅牧人乘苑马数百骑以赴之。……濮阳太守苟晞讨藩，斩之。勒与桑亡潜苑中。桑以勒为伏夜牙门，帅牧人劫掠郡县系囚，又招山泽亡命多附勒，勒率以应之，桑乃自号大将军。"

刘渊的起事，具有民族矛盾和阶级矛盾两种性质，它是被降为田客奴隶的内迁的匈奴人民对地主统治阶级的反抗，同时由于被统治者是匈奴人民，统治者是汉人政府和汉人地主，这就又使刘渊的起事具有了民族斗争的性质。这种性质由于匈奴贵族刘渊的领导和在以后的斗争中所采取的对汉族的报复手段，就更为加强了。

石勒的起事更加鲜明地表现出阶级斗争的本质。石勒本人是田客奴隶，与他一同起事的牧人、郡县系囚、山泽亡命更是汉人劳动人民和被压迫阶级。

公元309年，刘渊遣子刘聪等两次进攻洛阳，进至洛阳城外。渊死，子刘和继立。不久刘聪杀和自立。公元311年刘聪进攻洛阳。在洛阳陷落前，晋东海王越、太尉王衍率领晋家王公贵族离洛阳南逃，在东郡为石勒所袭击。石勒围而射之，王公以下死者十余万人。五月，洛阳陷，纵兵大掠，害诸王公及百官以下三万余人，把晋怀帝掳到平阳去（刘渊后迁到平阳）。

怀帝被俘后，晋人立愍帝于长安。经过五年的战争，公元316年，刘聪遣刘曜攻长安，愍帝出降。晋朝在北方的政权垮台，西晋亡。怀、愍两帝在平阳受尽了侮辱，最后仍都为刘聪所杀。

在刘渊、石勒等起事之初，是被压迫阶级田客、奴隶对统治阶级的反抗，这是正义的。但随着军事力量的发展，他们采取了报复的手段，而且他们的报复对象往往超出了晋朝统治阶级，而扩大到对汉人进行杀戮。这样好事便转变为坏事了，转化为少数民族贵族统治者对汉族人民的压迫统治了。

第三节　三国西晋的文化

一、汉末到西晋的五言诗

先秦的诗是四言的，像诗经，都是四字一句。汉代出现了五言诗，即五字一句的诗。

过去的人曾把五言诗的创始归之于汉武帝时的枚乘、苏武和李陵。硬把一些没有留下作者姓名的古诗，说是他们作的。这种说法是没有根据的。

五言诗是从民歌和童谣演变出来的。不十分规则的五言歌，在西汉初年已有。刘邦的爱姬戚夫人在刘邦死后为吕后所囚，被罚去舂米。她思念她的儿子赵王如意，她一面舂米一面歌道："子为王，母为虏，终日舂薄暮，常与死为伍。相离三千里，谁当使告女？"（《汉书·外戚传》）除去前面两句，都是五言。

成帝时的歌谣："邪径败良田，谗口乱善人。桂树华不实，黄雀巢其颠。故为人所羡，今为人所怜。"（《汉书·五行志》）已是五言体了。

汉武帝立乐府，采集民间歌谣。乐府采集民间歌谣是为了"观风俗"，《汉书·艺文志》说："自孝武立乐府而采歌谣，于是有赵代之讴，秦楚之风，皆感于哀乐，缘事而发，亦可以观风俗知厚薄云。"所以在性质上，乐府是诗经的延续。

武帝以后，乐府组织一直存在。东汉有没有以采集民间歌谣为职的乐府，不清楚。但刘秀曾"广求民瘼，观纳风谣"（《后汉书·循吏传叙》），和帝也曾"分遣使者，皆微服单行，各至州县，观采风谣”（《后汉书·季郃传》），民间歌谣，可能还是有存录的。

汉代的乐府保存下来很多民歌，其中有三言、四言的，更多的是五言的。

乐府诗歌以外，还有些古诗。《古诗十九首》（见《昭明文选》）就是这些古诗中的代表作。古诗都是五言的。

研究中国文学的人，对于乐府诗、民歌、古诗的关系和分别，做了一些研究，意见也有不同。这是没有必要的。在古代，包括两汉，诗就是歌，也就是乐。先秦的诗经是如此，汉代的乐府也是如此。诗经中的国风，汉代乐府中的“赵代之讴，秦楚之风”就都是民歌，都立乐。这些歌乐的歌辞，离开音乐，就是诗。汉代的古诗，仍然是乐府歌辞。（参看余冠英《乐府诗选》前言）

汉代的乐府诗或古诗都是些无名氏的作品。时代也不能确定，其中有些可能是经过许多人的手和很长的时间，最后才写定的。其中很多作品的写成时间可能是在汉末。

这些乐府诗歌和古诗都是些极好的现实主义的作品，有鲜明的人民性。有的暴露了男女婚姻的不自由，有的暴露了战争、兵役对人民和青年男女的家园与爱情生活的破坏。文学技巧也是很高的，写得都很朴素、缠绵、动人。

著名的长篇叙事诗《孔雀东南飞》就是一篇描写婚姻不自由、男女双双为爱情牺牲的杰出作品。诗中的主人翁就是汉末建安时代的人。

这里我们介绍两篇作品，这两首诗揭露了兵役和统治阶级所进行的战争的罪恶及其对人民幸福生活所带来的破坏。从这里，我们可以体会出汉代乐府诗歌的现实主义性和人民性。

（1）《结发为夫妻》

结发为夫妻，恩爱两不疑。欢娱在今夕，嬿婉及良时。征夫怀往路，起视夜何其。参辰皆已没，去去从此辞。行役在战场，相见未有期。握手一长叹，泪为生别滋。努力爱春花，莫忘欢乐时。生当复来归，死当长相思。

《昭明文选》和《玉台新咏》都把这首诗放在苏武名下，说是苏武受命使匈奴时作的，这是没有根据的。西汉武帝时不会有这样成熟的五言诗。

（2）《十五从军征》

十五从军征，八十始得归。道逢乡里人，家中有阿谁？遥看是君家，松柏冢累累。兔从狗窦入，雉从梁上飞。中庭生旅谷，井上生旅葵。舂谷持作饭，采葵持作羹。羹饭一时熟，不知贻阿谁。出门东向看，泪落沾我衣。

这两首，都写得非常朴素、动人。

不过，从汉代开始，也有了脱离歌和乐而独立发展的诗。因为这时的诗是从以五言为主的乐府诗歌脱变发展出来的，所以这种独立发展出来的诗也是五言的。

所以汉代兴起的五言诗，不仅在形式上是诗的新体，而且还标志着诗离开乐而开始独立地发展。

就因为这个，在东汉以后的时代里，诗里头还有乐府体。它一方面是诗，一方面仍可以歌唱，没有完全脱离乐。

五言诗产生的时代，大概在东汉初期。应亨的《赠四王冠诗》和班固的《咏史诗》，都是初期的五言诗作品，内容还是很单调幼稚的。钟嵘在《诗品》里批评班固的诗“木质无文”。

五言诗的成熟时期是东汉晚期，尤其是建安时代。

建安时代，出现了很多诗人，其中在文学史上最享盛名的是曹操父子和“建安七子”。

曹操不但是中国历史上的一位政治家，而且是一位文学家。他的诗质朴而豪迈有力。他儿子曹丕、曹植都能写诗，尤其曹植是一个出色的诗人。

曹植为曹丕所忌，虽贵为封王，实情同囚徒，郁郁不得志。他后期的诗就充满了悲愤慷慨的情感。他的才气和文学技巧都是很高的。他的《野田黄雀行》表现了囚人渴望自由的感情：

> 高树多悲风，海水扬其波。利剑不在掌，结友何须多？
> 不见篱间雀，见鹞自投罗。罗家见雀喜，少年见雀悲。
> 拔剑捎罗网，黄雀得飞飞。飞飞摩苍天，来下谢少年。

“建安七子”是孔融、阮瑀、陈琳、王粲、徐干、应玚和刘桢。就诗的写作论，王粲的诗是最好的。他的《七哀诗》写出战争对人民所造成的浩劫，是极好的现实主义作品：

> 西京乱无象，豺狼方遘患。复弃中国去，委身适荆蛮。
> 亲戚对我悲，朋友相追攀。出门无所见，白骨蔽平原。
> 路有饥妇人，抱子弃草间。顾闻号泣声，挥涕独不还。
> 未知身死处，何能两相完？驱马弃之去，不忍听此言。
> 南登霸陵岸，回首望长安。悟彼泉下人，喟然伤心肝。

西晋一朝，各方面都是没落颓废的，文学方面也是没落的。太康中虽有三张（张华、张载、张协），二陆（陆机、陆云），两潘（潘尼、潘岳），一左（左思），号称文章之中兴，实际上除去左思的作品外，是没有什么成就的。他们的作品，歌颂暂时的统一和太平，努力于文学的修饰和华丽，而没有内容。

二、清谈玄学

对于清谈玄学的内容，我们不能详细说明，只能简单概括地指出它的本质。我们的注意点，在于把它当作一种历史现象，说明它为什么在魏晋这个时期出现，它的历史意义如何。

清谈玄学是两回事，又是一回事。就魏晋说，清谈是形式，玄学是清谈的内容，两者是一回事。就它们的发展说，汉末已有清谈，但清谈的内容还不是玄学；汉中叶以后，已有老庄之学，但老庄之学还不是清谈：两者又是两回事。

魏晋清谈玄学的内容，主要的是老、庄和易，所谓“三玄”。

西汉初年黄老思想是很盛的，黄老无为主义是统治阶级的主要统治术，在思想界也有很大的影响。武帝以后，儒家思想代替了黄老，成为统治阶级和思想意识界的正统思想。东汉中期以后，老庄思想又再浮现，到了魏晋之际，在统治阶级上层的思想界，老庄玄学又代替了儒家思想。

东汉土地兼并，阶级矛盾和统治阶级内部的矛盾，是越来越严重的。这些客观形势不能不在人们的主观意识方面引起反应。面对这些现实，在人们思想上所引起的反应是不同的。一种反应是要解决这些问题，在思想上，他们仍然是归在儒家旗帜之下，他们要砥砺名教不和恶势力妥协；另一种反应是向现实低头，或逃避现实。在思想上，他们便倾向老庄，他们所持的是“达生任性”。

东汉大儒马融是为《老子》作注的第一人。马融的经历最好地说明了老庄思想之流行和人们在现实压力下向现实屈服的关系。《后汉书·马融传》：“永初二年，大将军邓骘闻融名，召为舍人，非其好也，遂不应命，客于凉州武都汉阳界中。会羌虏飙起，边方扰乱，米谷踊贵，自关以西，道殣相望。融既饥困，乃悔而叹息，谓其友人曰：‘古人有言，左手据天下之图，右手刎其喉，愚夫不为。所以然者，生贵于天下也。今以曲俗咫尺之羞，灭无赀之躯，殆非老庄所谓也。’故往应骘召。”也就是这位大儒，为了生命，不敢违忤势家，曾为外戚大将军梁冀草奏诬害李固，并作《大将军西第颂》。

政治上堕落的人，生活上也没有不堕落的。马融就是“居宇器服，多存侈饰。尝坐高堂，施绛纱帐，前授生徒，后列女乐”（同上引书传）。尽管他会给自己找老庄哲学做辩解，说“生贵于天下”，但人们仍是不难看出他心绪上的堕落的。

东汉晚年，宦官专政，政治腐败，一些知识分子曾激烈地起而反对。他们有改良政治的要求，但他们对于政治前途是没有信心的。他们的领袖郭泰曾说：“吾昼察人事，夜看乾象，天之所废，不可支也。”（《抱朴子·正郭篇》）他们在政治斗争中失败了，造成党锢之祸。宦官专政对他们杀得非常惨。在残酷的政治压迫下，汉末知识分子对宦官政府屈服，由激烈的行动转为清谈。这时的清谈包括两种成分：一种是批评人物，虽然不敢公开批评政治，却还批评人物，互相标榜；另一种成分便是不切实际的游谈和清论。郭泰是汉末太学生的领袖，是最有威望的人物批评家。但抱朴子怎样说他呢？抱朴子批评郭泰说：“盖欲立朝则世已大乱，欲潜伏则闷而不堪，或跃则畏祸害，确尔则非所安，彰偟不定，载肥载臞，而世人逐其华而莫研其实。”（《抱朴子·正郭篇》）这个批评，揭露了汉末清谈者的苦闷，也揭露了他们对现实的不敢反抗。

魏晋的清谈，和东汉末的清谈是有历史渊源的，它承继了东汉的清谈。不过魏晋清谈有了新的内容，玄学的内容。

魏晋清谈玄学的风气，是由魏齐王芳正始年间（公元240—248年）盛起来。其代表人物是何晏、王弼。《晋书·王衍传》说："魏正始中，何晏、王弼等祖述老庄，立论以为天地万物皆以无为为本。无也者，开物成务，无所不成者也。"何晏的《无名论》，更详细地说明了他的"无"的思想。《无名论》说："为民所誉，则有名者也；无誉，无名者也，若夫圣人名无名，誉无誉，谓无名为道，无誉为大，则夫无名者可以言有名矣，无誉者可以言有誉矣。然与夫可名可誉者岂同用哉？此比于无所有，故皆有所有矣，而于有所有之中，当与无所有相从，而与夫有所有者不同。……夫道者惟无所有者也，自天地已来皆有所有矣，然犹谓之道者，以其能复用无所有者也。夏侯玄曰：'天地以自然运，圣人以自然用。'自然者道也，道本无名，故老氏曰强为之名。仲尼称尧荡荡无能名焉，下云巍巍成功，则强为之名，取世所知而称耳，岂有名而更当云无能名焉者邪！夫唯无名，故可得遍以天下之名名之，然岂其名也哉！"

王弼谈老庄，也谈易。他和何晏一样，在思想上是综合儒道两家的。《三国志·魏志·钟会传附王弼传》称："弼好论儒道，辞才逸辩，注《易》及《老子》。"

何晏、王弼祖述老庄，而又好论儒，把道和儒结合起来，这是东汉以来自马融以下儒者兼搞老庄一线的继承，这是由两汉崇名教节义的儒向魏晋崇放达的玄过渡的桥梁。

正始中玄学风尚的抬头，和曹魏的政治发展也是有关联的。曹操用人是唯才是举的，只要有才用，不问品性。建安年间，曹操曾三次公开下令，申明他的意旨。如建安十九年（公元214年）的令说："夫有行之士未必能进取，进取之士未必能有行。陈平岂笃行？苏秦岂守信邪？而陈平定汉业，苏秦济弱燕。由此言之，士有偏短，庸可废乎？有司明此义，则士无遗滞，官无废业矣。"（《三国志·魏志·武帝纪》）这对于传统的儒家名教思想是一种严厉的进击。

曹操的权术政治，为他的子孙所承继。在维护集权、巩固集权，而和分权势力斗争中，曹魏的政治是严苛的。因此在曹魏政治集团的人物中，就出现一种"明哲保身"，"玄虚淡泊，与道逍遥"的风气。这种情况是有助于玄学的发展的。

何晏时，清谈玄学还是综合儒道的，还是以有为解释无为的。何晏本人在政治上也是有所作为的。西晋人傅咸曾说："正始中任何晏以选举，内外众职各得其才，粲然之美于斯可观。”（《晋书·傅咸传》）正始以后，清谈玄学才更进一步地流入空谈、放诞、狂达、不务世事。这种空谈、不务世事加速了西晋的灭亡。王衍被石勒杀害前说：“呜呼！吾曹虽不如古人，向若不祖尚浮虚，戮力以匡天下，犹可不至今日。”（《晋书·王衍传》）

这种发展，和曹氏司马氏的政权斗争是有关系的。公元249年，司马懿玩弄了一次政变，把政权夺在自己手里，对于党于曹魏不依附自己的人杀得极惨。

属于曹魏方面的人士，面对这种新的政治局面要采取什么态度呢？他们不愿意和司马氏合作，但不合作便有被杀头的危险。他们自然很容易接受老庄的哲学，由“生贵于天下”而向司马氏政权屈服，但却走向空谈、放诞、狂达、不务世事的路。典型的例子，如竹林七贤之一的阮籍。《晋书·阮籍传》说：“（籍）本有济世志，属魏晋之际，天下多故，名士少有全者。籍由是不与世事，遂酣饮以为常。”另外如向秀。向秀是嵇康的好朋友。嵇康婚于曹魏帝室，属于曹氏集团，不和司马氏合作，不出来做官。在嵇康被杀之后，向秀却赶快应本郡计入洛阳。司马昭问他：“闻有箕山之志，何以在此？”向秀回答说：“以为巢许狷介之士，未达尧心，岂足多慕。”（《晋书·向秀传》）

但汉末清谈的兴起，老庄之学的抬头，曹魏的严苛政治，曹氏司马氏政权的斗争，只能说是助长魏晋清谈玄学产生发展的条件，还不能说是魏晋玄学产生的主要根据。魏晋清谈玄学思想的所以产生，应该从这时期的社会经济的发展形势和贵族豪族地主阶级的生活来求得解释。

清谈玄学只是地主阶级内上层贵族的思想意识，它不但不是劳动人民的思想意识，而且还不是中小地主的思想意识，这一点是要首先弄清楚的。魏晋时期，只有地主阶级内上层贵族和靠近这个阶层的人才接受了这种思想，中小地主的思想意识则仍是儒家的。这一点我们在后面讲东晋时期清谈玄学的过江时，还要谈到。

这个贵族世家豪族阶层是大土地所有者，社会财富都集中在这个阶层手里。在西晋时期，这个阶层生活的腐化堕落我们前面已经讲过了。生活实践的腐化堕落，反映到思想意识界，也就必然是腐朽堕落的。同时，这时代的社会、经济、政治各方面都是包含着很多问题的，贵族阶层没有能力来解决这些问题，这就决定了他们的不敢面对现实、想逃避现实的生活态度和思想意识。他们是土地财富的所有者，是政权的掌握者，虽然不敢面对现实、想逃避现实，但又不能离开现实，既不愿自杀，又不能去做和尚，于是便走向老庄思想这一道，一方面做官，一方面又清谈讲玄。

三、鲍敬言的无君论

鲍敬言的生平事迹，我们知道得很少，他大约是两晋之际的人物。我们只从他同时代的葛洪的书《抱朴子·诘鲍篇》里知道一点他的思想梗概。他认为国家、政治、君臣这一套政治组织政治机构的出现，都是暴力和征服的结果。他认为国家、政治、君臣的出现是压迫、剥削、贫苦、战争之源，因此反对国家、政治、君臣制度的存在，而主张无为，不要政府，不要君臣。

鲍敬言认为在原始时代，是万物并生的自然状态。他说："夫混茫以无名为贵，群生以得意为欢。故剥桂刻漆，非木之愿；拔鹖裂翠，非鸟所欲。……捕飞禽以供华玩，穿本完之鼻，绊天放之脚，盖非万物并生之意。"又说："曩古之世，……高巢不探，深渊不漉，凤鸾栖息于庭宇，龙鳞群游于园池。饥虎可履，虺蛇可执。涉泽而鸥鸟不飞，入林而狐兔不惊。"

鲍敬言认为在原始时代是根本无君臣、国家这一套东西的。君臣、国家制度怎样来的呢？他认为是起于暴力征服。他完全否认儒家"天生蒸民，作之君作之师"那一套把君臣起源伦理化的理论。他说："儒者曰：'天生蒸民而树之君。'岂其皇天谆谆言，亦将欲之者为辞哉？夫强者凌弱，则弱者服之矣；智者诈愚，则愚者事之矣。服之，故君臣之道起焉；事之，故力寡之民制焉。然则隶属役御由乎争强弱而校智愚，彼苍天果无事也。"

他也反对儒家所谓君师之起是为人民平争讼的说法。他说："且夫细民之争，不过小小，无疆土之可贪，无城郭之可利，无金宝之可欲，无权柄之可竞。势不能以合徒众，威不足以驱农人。孰与王赫斯怒，陈师鞠旅，推无仇之民，攻无罪之国，僵尸则动以万计，流血则漂卤丹野。无道之君，无世不有，肆其虐乱，天下无邪，忠良见害于内，黎民暴骨于外，岂徒小小争夺之患邪！"

因为有了君臣，有了政治机构，就不能不从人民那里征收税租来养着这些人，这就引起人民的穷困。他说："夫役彼黎庶，养此在官，贵者禄厚而民亦困矣。"又说："君臣既立，而变化遂滋。夫獭多则鱼扰，鹰众则鸟乱；有司设则百姓困，奉上厚则下民贫。……夫谷帛积，则民有饥寒之俭；百官备，则坐靡供奉之费。宿卫有徒食之众，百姓养游手之人。民乏衣食，自给已剧。"

人民受剥削，迫于穷苦，当然会起来反抗。他说："劳之不休，夺之无已，田无食虚，杼柚乏空，食不充口，衣不周身，欲令无乱，其可得乎？”有了君臣这一套制度，人民就必然会穷困，人民穷困就必然会起而反抗，人民起而反抗了，统治者想以礼度刑罚来统治镇压，那是不会有用的。

鲍敬言的思想是道家思想。《抱朴子·诘鲍篇》一开头就说：“鲍生敬言好老庄之书。”

先秦老庄道家思想中，本来包含着两个来源不同的成分，一个是原始公社破坏后，破产的公社成员对过去公社的回念；一个是在商品货币关系发展下，没落的氏族贵族空无思想的反映。秦汉以来，道家的发展也有两个流派，一个是人民大众所接受的，这就是太平道和五斗米道；一个是地主贵族所接受的，这就是清谈玄学。

鲍敬言所接受的是前者。在老庄之中鲍敬言是更多地承继了老子的小国寡民的思想。尽管鲍敬言的思想是有错误的，如暴力论本身就是错的，但在两晋之际，这是农民反统治反剥削反压迫的要求的反映。鲍敬言的思想表现了两晋之际农民对豪族贵族政权的反抗精神，是值得我们称述的。

四、史学、医学和科学创造

汉末到西晋的史学著作，主要的有荀悦的《汉纪》和陈寿的《三国志》。

荀悦，汉末献帝时人。汉献帝以《汉书》文繁难省，命荀悦另写部简要的汉史。荀悦遂写了《汉纪》。共三十卷，绝大部分取材于《汉书》。

《汉纪》是编年体，即仿照《左传》的体裁，不同于《汉书》的纪传体。纪传体、编年体是中国旧史著述的两种主要体裁。

陈寿，三国西晋时人。先在蜀汉做官，为观阁令史。蜀亡，入晋任著作郎，撰写《三国志》。《晋书·陈寿传》说："（寿）撰《魏吴蜀三国志》，凡六十五篇，时人称其善叙事，有良史之才。夏侯湛时著《魏书》，见寿所作，便坏己书而罢。张华深善之，谓寿曰：当以《晋书》相付耳。其为时所重如此。"

荀悦《汉纪》和陈寿《三国志》现在都存在。陈寿《三国志》为二十四史中之一，合《史记》《汉书》《后汉书》又被称为"四史"，为史籍中的名著。

华佗，东汉末人，是中国古代杰出的医学家。华佗精于内科、针灸，尤精于外科手术。依《三国志·华佗传》所载，华佗时似已发明麻醉剂，可以给人解剖治病。传云："若病积结在内，针药所不能及，当须刳割者，便饮其麻沸散，须臾便如醉死，无所知，因破取病。若在肠中，便断肠湔洗，缝腹膏摩，四五日差不痛，人亦不自寤，一月之间即平复矣。”

这位杰出的伟大的医学家，后为曹操所杀。

华佗的弟子吴普、樊阿，也是有名的医生。

三国时期还出了一位杰出的创造发明家，这就是马钧。

据《三国志·魏志·杜夔传》裴注，马钧是魏明帝时扶风人，“巧思绝世”。他一生有很多创造发明，首要的有以下几项：

（1）改良织绫机。“旧绫机五十综者五十蹑，六十综者六十蹑，先生患其丧功费日，乃皆易以十二蹑。其奇文异变因感而作者，犹自然之成形。”

（2）重制了古时的指南车。

（3）改进灌溉水车。“居京都城内，有地可以为园，患无水以灌之，乃作翻车，令儿童转之，而灌水自复，更入更出，其巧百倍于常。”

另外，他还创制了自己活动的木偶百戏。“以大木雕构，使其形若轮，平地施之，潜以水发焉。设为女乐舞象，至令木人击鼓吹箫，作山岳，使木人跳丸、掷剑、缘絙、倒立，出入自在，百官行署，舂磨斗鸡，变幻百端。”

第二章　东晋和胡汉王国分立时期

第一节　东晋初年南北分立的局势

一、晋室东渡和东晋初期南方的开发

怀、愍两帝被掳，皇室贵族司马睿就在建康（即建业，今南京）做起皇帝来，是为元帝。历史上称元帝以前的晋为西晋，元帝以后的晋为东晋。（因为元帝以前是都在洛阳，元帝以后是都在建康，洛阳和建康是一西一东。）

元帝司马睿是司马懿的曾孙，琅邪王觐的儿子。年十五袭爵为琅邪王。惠帝末年，他做平东将军监徐州诸军事，镇下邳（今江苏邳县东），后转任安东将军都督扬州诸军事。他接受王导的建议，于公元307年，移镇建康。公元317年，愍帝被害，元帝就在建康称皇帝。

元帝虽然是司马懿的曾孙，但他的父祖在政治上都没有立

过大功业，也没有重要地位。到惠帝时，他在皇室中已是远支。在皇室中因为不是近支，又没有重要地位，所以就没有参加西晋晚期诸侯王争夺中央政权的斗争漩涡。

元帝以政治上没有地位的皇室远支而做了皇帝，建立了东晋王朝，主要依靠两个条件。

第一，依靠地理上和经济上的优势。琅邪封国是在东方（山东东南部），他都督徐州、扬州诸军事，先镇下邳，后镇建康，也都是在东方。建康是孙吴的都城，江南的财富在三国时期曾支持了孙吴独立政权数十年之久。晋八王之乱，农民起义以及少数民族的起事，都很少波及这一带地方。这一带是没有遭受大破坏的地方，中原乱了，这里正好能组织并支持一个政权。抓到这个地理上经济上占优势的地区的是元帝。

第二，元帝能够做皇帝，建立东晋政权，是靠了中原豪族和东南地方豪族联合力量的拥护。对元帝在江南建立政权帮助最大的是北方豪族王导。王导是东晋初年豪族集团中一个比较有眼光的政治人物，他首先劝元帝从下邳移镇建康以争形势。元帝初到建康的时候，又穷又没有兵。江东的豪族都看他不起，不和他合作，不拥护他。这时，王导和他的从兄王敦（时任扬州刺史都督征讨诸军事假节）尽力拥护元帝。江南豪族看见北方大豪族王家都拥护元帝，于是也才来拥护。江南豪族最初被拉出来做官的是顾荣和贺循。王导对元帝说："顾荣、贺循，此士之望。未若引之，以结人心。二子既至，则无不来矣。"（《晋书·王导传》）果然靠了顾荣、贺循的合作，江南的其他豪族也都出来拥护元帝的政权。

王导不仅拉拢南方的贵族来拥护元帝，同时还拉拢北方的豪族来拥护他。洛阳失陷以后，北方的贵族豪族，很多都逃到南方来（详后），王导就劝元帝"收其贤人君子，与之图事"（《晋书·王导传》）。

当然，王导的拉拢只是一个引线，北方和南方的豪族之拥护元帝，是有它的客观必要的。这个时期是北方少数民族起事、风卷整个中原地带、大杀汉族豪族地主的恐怖时代。这时江南的豪族已没有建立自己独立政权的能力，北方到南方来的豪族，则是仓惶逃命。在北方落后民族侵袭的恐怖形势下，他们都有团聚起来求生的要求。团聚需要一个中心，由谁来做中心呢？那就最好是一个皇室人物了。可巧元帝是皇室，又是在这一带的一个地方封王，元帝就成为他们选择的目标了。

为了逃避胡族杀戮的灾祸，北方汉人大量地向南逃亡。这是继东汉末年北方人口南移后，汉人又一次的大量南移。南移人口中，首先当然是豪族官僚阶级的人。据史书记载："洛京倾覆，中州士女避乱江左者十六七。"（《晋书·王导传》）

就是说十分之六七的北方官僚都逃到江南去了。五胡起事对北方的腐朽的世家豪族阶级是一次大清洗，一部分被杀，没有被杀的大都逃往南方。

一般人民的南移，也是大量的。史称："永嘉之乱……幽、冀、青、并、兖五州及徐州之淮北流人，相率过江淮。"（《晋书·地理志》）又称："及胡寇南侵，淮南百姓皆渡江。"（同上引书志）东晋初期几十年中，北方汉人南移是继续不断的。据近人谭其骧先生估计，当时，北方人口逃到南方去的总数约为九十余万，约占当时北方总人口的八分之一强，即北方每八个人中有一个南移。

逃到南方去的人口，到了南方以后，大多数是仍然居住在一地的。南方的地旷人稀使他们有条件这样做。而且到了南方之后，他们并不属所在地的郡县政府的管辖，他们是在新的土地上侨立起他们自己的郡县住下来。从兖州逃到南方去的，就在所在的地区成立兖州，从豫州去的，就成立豫州。因为这里所成立的，并不是原来的兖州、豫州，而只是兖州、豫州人客寓南方组成的，所以就叫作侨立。《晋书·地理志》说："是时幽、冀、青、并、兖五州及徐州之淮北流人，相率过江淮，（元）帝并侨立郡县以司牧之。"据《宋书》所载，仅长江下游，现在江苏一带就有三十三个侨郡和七十五个侨县。

长江流域，虽然自春秋战国时期楚国在南方立国以来，有了数百年的开发的历史，但直到西晋末年，一般地说，仍然是落后于黄河流域的。在晋室东渡的时候，长江流域仍然存在着“江南之俗，火耕水耨，土地卑湿，无有蓄积之资”（《隋书·食货志》），耕作技术原始，生产量少的落后现象。

这次北方人口的大量南移，对于南方来说，起了很大的开发作用，南下的劳动人民把北方进步的农业技术和农业生产工具都带到南方去，把南方此前未垦的荒地开垦起来。耕牛的使用在南方更加推广了。东晋政府继续魏、晋以来保护耕牛的政策，杀耕牛的有罪。（《晋书·张茂传》）东晋初年的地方官吏，也能注意水利灌溉。元帝时孔愉为会稽内史，修复句章县旧陂（今慈溪县境），“溉田二百余顷，皆成良业”（《晋书·孔愉传》）。张闿为晋陵（今武进县）内史，立曲阿（今丹阳县）新丰塘，“溉田八百余顷，每岁丰稔”（《晋书·张闿传》）。

北方人口南移的集中地，除长江下游的扬州地区外，还有长江中下游的荆州地带，所以南方经济发展也以这两个地区最为显著。荆州、扬州构成南方经济上两个重心。《宋书·何尚之传》说：“荆、扬二州，户口半天下。江左以来，扬州根本，委荆以阃外。”沈约在《宋书·何尚之传》后说：“江左以来，树根本于扬越，任推谷于荆楚。……民户境域，过半于天下。”

当然，南方的开发，在东晋初期，是刚刚开始。整个南朝时期，都是南方的开发时期。我们以后还要讲到。

二、南方的门阀豪族经济和北方的坞堡组织

人口的南移，是取集体的方式的。因为在当时乱世的条件下，个别的流亡或少数人一起的流亡有被人掳去做奴隶的危险。集体南移的人口又往往是以一家豪族为中心。他们有力量保护自己，这家豪族率领着自家的奴隶、部曲、田客、宗族构成这个集团的中心，一些没有能力自保的散户就依附这家豪族南行，求得他们的保护。例如祖逖，“祖逖字士稚，范阳遒人也。世吏二千石，为北州旧姓。……及京师大乱，逖率亲党数百家避地淮泗。以所乘车马载同行老疾，躬自徒步，药物衣粮与众共之。又多权略，是以少长咸宗之，推逖为行主”（《晋书·祖逖传》）。又如徐澄之，“（徐）澄之（东莞姑幕人），为州治中。属永嘉之乱，遂与乡人臧琨等率子弟并闾里士庶千余家南渡江，家于京口”（《晋书·徐邈传》）。

依附豪族逃移到南方去的人民，到了南方以后，因为生活无着，是仍然要依靠豪族来生活的。他们为豪族耕种田地，向豪族交纳地租，于是他们也就成为豪族的田客。史称：“时百姓遭难，流移此境，流民多庇大姓以为客。”（《南齐书·州郡志》）这些依附豪族的客，对豪族有租课负担，对政府则免除课役。西晋贵族官僚依品级之高下得荫庇佃客、衣食客的制度，在东晋仍然存在。这些客的名籍都是从政府户籍中除去，只记入豪族官僚家籍中。《隋书·食货志》说：“晋自中原丧乱，元帝寓居江左，百姓之自拔南奔者，并谓之侨人，皆取旧壤之名，侨立郡县，往往散居，无有土著。……都下人多为诸王公贵人左右佃客、典计、衣食客之类，皆无课役。品官第一第二，佃客无过四十户，第三品三十五户，第四品三十户，第五品二十五户，第六品二十户，第七品十五户，第八品十户，第九品五户，其佃谷，皆与大家量分。……客皆注家籍。”

依附豪族的人口，数量是非常大的，这情况可以从下述两个例子中体会出来。《晋书·王彪之传》：“彪之为会稽内史，居郡八年，豪右敛迹，亡户归者三万余口。”又《晋书·山涛传》：“（山）遐为余姚令。时江左初基，法禁宽弛，豪族多挟藏户口，以为私附。遐绳以峻法，到县八旬，出口万余。”依《晋书·地理志》，会稽统县十，户三万。以每户五口计，三万户为十五万口。彪之所出之户，约为全部人口五分之一。余姚为会稽十县之一，平均计算应有人口一万五千。山遐所出之人口为全县人口三分之二以上。这样对比当然是极粗略不精确的，但由此可以看出豪族占有人口众多的一点消息。

东汉以来，逐渐发展起来的豪族和部曲、徒附、客这一阶层的关系，从性质上看，是典型的封建关系。客和豪族主关系的封建性，到东晋初期表现得更为明确。我们已有明确的文献，指明客是隶属于主人的，他的身份是半自由的。公元321年，晋元帝在一个诏书上说："其免中州良人遭难为扬州诸郡僮客者，以备征役。"（《晋书·元帝纪》）公元322年，王敦以诛元帝亲幸人物刘隗为名，起兵反叛，他在上疏中所指刘隗罪状之一是："复依旧名，普取出客。从来久远，经涉年载。或死亡灭绝，或自赎得免，或见放遣，或父兄时事，身所不及。有所不得，辄罪本主。"（《晋书·王敦传》）这些文献明确表明客不是良人，客要获得自由，须要经过免、自赎或放遣等手续。

东晋初，南逃流民之大量依附权豪为客，说明江南地区封建经济的进一步发展。

到了东晋中叶，在豪族依品级占户口、给客制度的影响下，又有送兵的制度，凡方镇去官，多送给相当数量的兵，叫作“送故”。这些兵便成为这一官僚豪族的私属。《晋书·范宁传》载“方镇去官，皆割精兵器仗以为送故。……送兵多者至有千余家，少者数十户。既力入私门，复资官廪布。兵役既竭，妄服良人”。

东晋政权是在豪族的支持下建立起来的。因此，除去个别的时期，一般地讲，东晋政府对于豪族势力的发展，完全采取退让不敢过问的政策。史称：“晋自中兴以来，治纲大弛，权门并兼，强弱相凌，百姓流离，不得保其产业。”（《宋书·武帝纪》）所以，在东晋时封建豪族占有大量的人口，豪族主占有的人口都有免除课役的特权，他们只向豪族主交纳租税，组成豪族主的封建经济。

胡族起事后的杀戮，使晋朝官僚世家贵族纷纷向江南逃难。留在北方的，主要的是些中小地主。他们团聚自己的宗族乡党和本地区的人民建立坞、堰、壁、垒等坚固的防御组织以自卫。在胡人起事的初期，北方黄河流域到处是这些汉人聚众自守的坞堡壁垒。例如《晋书·刘聪载记》：“（刘）曜率众四万长驱入洛州，遂出轘辕（山名，今河南偃师市东南，接巩、登封二县），并周旋梁陈汝颍之间，陷垒壁百余。”又云：“其青州刺史曹嶷攻汶阳关公丘，陷之。……齐鲁之间，郡县垒壁降者四十余所。”又《晋书·石勒载记》：“勒与刘零……等七将率众三万寇魏郡顿丘（今河北清丰西南）诸垒壁，多陷之，……进军攻巨鹿、常山，害二郡守将，陷冀州郡县堡壁百余，……王浚……讨勒……勒退屯黎阳，分命诸将攻诸未下及叛者，降三十余壁。”

这些坞堡壁垒，构成各地不能自保的小农的避难场所。《晋书·郭默传》：“永嘉之乱，默率遗众自为坞主，……流民依附者甚众。”《晋书·郗鉴传》：“京师不守，……鉴得归乡里，举千余家，避难于鲁之峄山，……三年间众至数万。”《晋书·魏浚传》：“及洛阳陷，屯于洛北石梁坞，……归之者甚众。”《晋书·苏峻传》：“永嘉之乱，百姓流亡，所在屯聚。（峻）纠合得数千家，结垒于本县。于时豪杰所在屯聚，而峻最强。”《晋书·李矩传》：“刘元海攻平阳，百姓奔走。矩素为乡人所爱，乃推为坞主，东屯荥阳。……矩招怀离散，远近多附之。”

这些坞堡壁垒，一方面是军事性的防御组织，一方面也是经济性的生产组织。投依在这些坞堡壁垒里的人民，一方面要在坞主等领袖人物领导下做军事防御，一方面又要参加生产。关于坞堡的这种性质我们可以庾衮在禹山的坞堡的情况作个实例来说明。《晋书·庾衮传》载：

齐王冏之唱义也，张泓等肆掠于阳翟，衮乃率其同族及庶姓保于禹山。是时百姓安宁，未知守战之事。衮曰：“孔子云：‘不教而战，是谓弃之。’”乃集诸群士而谋曰：“二三君子相与处于险，将以安保亲尊全妻孥也。古人有言：‘千人聚而不以一人为主，不散则乱矣。’将若之何？”众曰：“善，今日之主，非君而谁？”衮默然有间，乃言曰：“古人急病让夷，不敢逃难。然人之立主，贵从其命也。”乃誓之曰：“无恃险，无怙乱，无暴邻，无抽屋，无樵采人所植，无谋非德，无犯非义，戮力一心，同恤危难。”众咸从之。于是峻险厄，杜蹊径，修壁坞，树藩障，考功庸，计丈尺，均劳逸，通有无，缮完器备，量力任能，物应其宜。使邑推其长，里推其贤，而身率之。分数既明，号令不二，上下有礼，少长有仪，将顺其美，匡救其恶。及贼至，衮乃勒部曲，整行伍，皆持满而勿发，贼挑战，晏然不动，且辞焉。贼服其慎，而畏其整，是以皆退。如是者三。……及冏归于京师，逾年不朝。衮曰：“晋室卑矣，寇难方兴。”乃携其妻子适林虑山，事其新乡如其故乡。言忠信，行笃敬。比及期年，而林虑之人归之，咸曰庾贤。及石勒攻林虑，父老谋曰：“此有大头山，九州之绝险也，上有古人遗迹，可共保之。”……衮乃相与登于大头山，而田于其下。

关于两晋之际北方坞堡内部的组织，只有这一条的记载是比较详细的，所以我不嫌其繁地引述了来。自然各个坞堡的情况，不会是相同的，但庾衮在禹山和林虑山的坞堡总可以反映一般的情祝。从这里我们看到坞堡是具有防御和生产两种性质的。

两晋之际是个荒乱的时代，西晋帝国灭亡，北方已没有了政府，人口流动很大，占田课田生产组织已破坏。在这个时期，无论过江的“多庇大姓以为客”的依附制，或留在北方的坞堡组织，都对人民生活起着保护作用，对于生产起着组织和推动的作用。

三、东晋初年统治阶级内部的战乱

在北方各落后族侵袭的威胁下，北方逃到南方的世家豪族和南方的世家豪族虽然合作起来，拥立元帝为帝，建立了东晋政权，但统治阶级内部是充满着矛盾的。过江的北方豪族和南方的豪族有矛盾，过江的世家豪族自己之间也有矛盾，荆州和扬州也有矛盾。

元帝初到江左时，采用王导的建策，极力拉拢江东世家豪族，一部分世家豪族，如顾荣、贺循也出来拥护元帝，到元帝左右来做官。但在永嘉乱中，北方的世家豪族，大批地过江到建康来，朝廷上的官位多被这些人互相援引地占去，这就引起一部分受到抑压、政治上不得意的南方世家豪族的怨望，发展为南方世家豪族和北来世家豪族的斗争。其中最突出的公开的斗争就是南方世家豪族周玘、周勰父子的企图起兵推翻北人政权。

《晋书·周处传附周玘传》载："玘宗族强盛，人情所归，帝疑惮之。于时中州人士，佐佑王业，而玘自以为不得调，内怀怨望；复为刁协轻之，耻恚愈甚。时镇东将军祭酒东莱王恢亦为周顗所侮，乃与玘阴谋诛诸执政，推玘及戴若思，与诸南士共奉帝以经纬世事。先是流人帅夏铁等寓于淮泗，恢阴书与铁，令起兵，己当与玘以三吴应之。建兴初，铁已聚众数百人，临淮太守蔡豹，斩铁以闻。恢闻铁死，惧罪奔于玘，玘杀之，埋于豕牢。帝闻而秘之，召玘为镇东司马。未到，复改授建武将军、南郡太守。玘既南行，至芜湖，又下令曰：'玘奕世忠烈，义诚显著，孤所钦喜，今以为军谘祭酒，将军如故，进爵为公，禄秩僚属，一同开国之例。'玘忿于回易，又知其谋泄，遂忧愤发背而卒。时年五十六。将卒，谓子勰曰：'杀我者诸伧，子能复之，乃吾子也。'吴人谓中州人曰伧，故云耳。"

在反抗北来世家豪族的政权上，周勰是没有辜负他父亲临死时的叮嘱的。周玘是阴谋起兵，还没有见诸行事，周勰便亲自合众起兵了。《晋书·周处传附周勰传》载：“勰……常缄父言。时中国亡官失守之士避乱来者，多居显位，驾御吴人，吴人颇怨，勰因之，欲起兵。潜结吴兴郡功曹徐馥。馥家有部曲，勰使馥称叔父札命以合众。豪侠乐乱者翕然附之。以讨王导刁协为名。孙皓族人弼，亦起兵于广德以应之。馥杀吴兴太守袁琇，有众数千。将奉札为主。时札以疾归家，闻而大惊，乃告乱于义兴太守孔侃。勰知札不同，不敢发兵。馥党惧，攻馥，杀之。孙弼众亦溃，宣城太守陶猷灭之。元帝以周氏奕世豪望，吴人所宗，故不穷治，抚之如旧。”

元帝在江南建立政权，很多地方依靠世家豪族王导一家的协助。当时有一谚语，云“王与马共天下”（《晋书·王敦传》）。但由于王家权力太大，王敦居上游荆州，王导居中辅政，这就引起元帝和王家的矛盾。《晋书·王敦传》载：“时刘隗用事，颇疏间王氏，导等甚不平之。”又云：“敦既素有重名，又立大功于江左，专任阃外，手控强兵，群从贵显，威权莫二，遂欲专制朝廷，有问鼎之心。帝畏而恶之，遂引刘隗、刁协等以为心膂。敦益不能平。”

元帝为了防御王敦，就以北讨为名义组织兵力。他“以刘隗为镇北将军，戴若思为征西将军，悉发扬州奴为兵”（同上引书传）。

公元322年，王敦以诛刘隗清君侧为名，从荆州起兵东下。

这一次斗争，主要是世家豪族王家和元帝的斗争，其性质是世家豪族的地方势力和皇权的矛盾。这时元帝所起用的人物如刘隗、刁协、戴若思协助元帝的所作所为，大部分都是企图强化皇权，这对世家豪族是不利的。《晋书·刘隗传》载："隗为丹阳尹，与尚书令刁协并为元帝所宠，欲排抑豪强，诸刻碎之政，皆云隗、协所建。"《晋书·刁协传》载："协性刚悍，与物多忤，每崇上抑下，故为王氏所疾。……然悉力尽心，志在匡救，帝甚信任之。以奴为兵，取将吏客使转运，皆协所建也。众庶怨望之。"

刘隗、刁协等人的排抑豪强，协助元帝强化皇权，自然会引起豪强的怨望，他的"以奴为兵，取将吏客使转运"，触动了豪族的利益，更会引起豪族的普遍反对。王敦在以诛隗为名起军的上疏中就尽量地指责这方面，以吸取扬州地区世家豪族的同情和拥护。《晋书·王敦传》载："敦率众内向，以诛隗为名，上疏曰：'……免良人奴自为惠泽，自可使其大田以充仓廪，今便割配，令充隗军。……复依旧名，普取出客。从来久远，经涉年载，或死亡灭绝，或自赎得免，或见放遣，或父兄时事，身所不及，有所不得，辄罪本主。'"

王敦这次起兵向内，是取得了世家豪族尤其是江南的世家豪族的同情和拥护的。王敦兵到石头（今南京城西部），守石头的将领周札便开城纳降（《晋书·王敦传》）。我们上面说过，周氏是江南的“奕世豪族”。江南的世家豪族，奴客多、战斗性强的，除义兴周家外，还有吴兴沈家。所谓“江东之豪，莫强周、沈”（《晋书·周处传附周札传》载钱凤对王敦语）。这两个豪族，一个是开门纳降，一个便是敦党，起兵应敦。（《晋书·王敦传》）

在战争中，王敦很快取得胜利。王敦到建康杀了很多人，刁协、戴若思等都被杀，刘隗逃往北方石赵王国。王敦并没有废去元帝，但在这年冬天元帝就忧闷而死了。

元帝死，儿子明帝即位，王敦在朝廷上布置下自己的人，仍由王导辅政，自己便还屯武昌（今湖北鄂城县）。后又自为扬州牧，移镇姑孰（今安徽当涂县）。

王敦虽然掌握了东晋朝廷的政权，但并没有取得建康朝臣和长江下游人民的拥护，反之，王敦在建康的措施，却使建康朝臣、地方势力和长江下游的人民和他的关系逐渐恶化了。《晋书·王敦传》说：“敦既得志，暴慢愈甚。……以沈充、钱凤为谋主，……充等并凶险骄恣，共相驱扇，杀戮异己。又大起营府，侵人田宅，发掘古墓，剽掠市道，士庶解体，咸知其祸败焉。”王导给王含的信，说京都人对王敦的恐惧说：“都邑大小及二宫宿卫，咸惧有往年之掠，不复保其妻孥。”（《晋书·王敦传》）

公元324年，乘王敦病危，明帝下诏讨敦。战争结果是东晋朝廷军胜利。战争初起时，王敦病死，他的党羽沈充、钱凤都战败被杀。

王敦乱后，东晋又有苏峻之乱。

苏峻，长广掖（今山东掖县）人。永嘉乱时，苏峻曾纠合流亡人民数千家结垒于本县。后率众南渡，元帝以为鹰扬将军。以讨王敦功，进为使持节冠军将军、历阳内史。苏峻的势力发展起来，有锐卒万人，器械甚精，东晋朝廷也“以江外寄之”，仰之为北方的屏障。

王敦乱后一年，明帝死，成帝即位。皇帝年幼，外戚庾亮等辅政。这时豪族和地方势力是很强大的。庾亮很想抑制一下地方势力，强化皇帝的权力。庾亮这种企图引起朝廷上的豪族大官以及地方上的大官的反感。

庾亮裁抑地方强化中央的计划，首先是打算从苏峻做起，他要苏峻交出兵权，到建康去做大司农。苏峻求补一荒郡，只要留在地方，庾亮不许。苏峻于是起兵反，攻入建康。后赖长江上游的温峤（江州刺史，持节都督平南将军镇武昌）、陶侃（都督荆、雍、益、梁州诸军事，领护南蛮校尉、征西大将军、荆州刺史）出兵，才把苏峻击败。

四、河西的安定和石赵的强大

在西晋灭亡、中原大乱的时期，河西一带（即陇西四郡，今甘肃的西部）却是比较安定的，中原很多人逃到这里去避乱，汉族的文物制度也在这一带保存下来。

维持这一带的安定的是地方势力张轨和他的子孙。

张轨是安定乌氏（今甘肃平凉县，“氏”读“支”）人。惠帝时，出任护羌校尉、凉州刺史。“时鲜卑反叛，寇盗纵横，轨到官即讨破之，斩首万余级，遂威著西州，化行河右。”（《晋书·张轨传》）

惠帝末，中原多事，人们已经觉得河西是个安定可以避乱的地方，大家都说：“天下方乱，避难之国，唯凉土耳！”（同上引书传）到了怀帝时，洛阳为刘聪所破坏，于是“中州避难来者，日月相继”（同上引书传）。张轨就分武威置武兴郡以居来人。

由于政治的比较安定，在中原经济遭受大破坏时，河西却能恢复五铢钱的行使。《晋书·张轨传》载：“索辅言于轨曰：……二汉制五铢钱，通易不滞。泰始中，河西荒废，遂不用钱，裂匹以为段数。缣布既坏，市易又难，徒坏女工，不任衣用，弊之甚也。今中州虽乱，北方安定，宜复五铢，以济通变之会。轨纳之，立制准布用钱，钱遂大行，人赖其利。”

在张轨和他的子孙的统治下，河西一直是“五胡乱华”时期北方比较安定的地方。

匈奴族刘氏所建立的汉国，于刘聪死后，内部大乱。刘渊族子刘曜据长安称帝，改称赵。而羯族的石勒则于黄河下游强大起来。石勒是西晋末年胡族起事中领袖人物之一，最初他依附匈奴族的刘渊、刘聪，到刘氏内部腐化斗争、刘曜在长安建立赵王国的时候，石勒就以河北襄国（今河北邢台西南）为根据地建立起后赵王国（刘曜据长安接汉称赵，所以史称石勒之赵为后赵），脱离刘氏，独立发展。

石勒是五胡起事初期领导人物中最有眼光、最有才能的。他曾被卖到山东茌平人家为奴，被释后，仍生活在这一带。他最初起事时的群众是“郡县系囚”及“山泽亡命”，基本上是在晋政权下受压迫的各族人。石勒对汉人也有杀戮有报复，但他杀戮的主要对象是晋朝官僚豪族贵族集团，对于非官僚豪族贵族集团的士大夫人物，石勒采取拉拢的政策。《晋书·石勒载记》说在起事初期：“勒与刘零、阎罴等七将率众三万寇魏郡顿丘诸垒壁，多陷之，假垒主将军都尉，简强壮五万为军士，老幼安堵如故。军无私掠，百姓怀之。”攻巨鹿、常山二郡，“陷冀州郡县堡壁百余，众至十余万，其衣冠人物，集为君子营，乃引张宾为谋主”。地主士大夫阶级出身的张宾和石勒的合作，对石勒起了一定的影响，通过张宾的影响和拉拢，北方地主阶级的汉人很多臣服于石勒，与石勒合作。石勒对汉人士族地主，也尽力尊崇。他曾“徙朝臣掾属已上士族者三百户于襄国崇仁里，置公族大夫以领之”（同上引书载记）。

当然，这并不是说石勒集团和他统治区域内的汉、胡各族的关系是非常和协而没有民族仇恨和压迫的。石勒的政策，是以胡人为基础的，支持他的政权，称胡人为国人，同时却拉拢地主士大夫阶级的汉人合作，统治汉人，巩固他的王国。石勒对于胡人，“重其禁法，不得侮易衣冠华族”（《晋书·石勒载记》）。但“重其禁法，不得侮易衣冠华族”的本身，就一方面说明石勒对汉人地主士大夫阶级的保护，一方面也说明胡人侮易衣冠华族的事实是存在的。事实也是如此的。《晋书·石勒载记》载有这样一个故事：“勒以参军樊坦清贫，擢受章武内史。既而入辞，勒见坦衣冠弊坏，大惊曰：‘樊参军何贫之甚也？’坦性诚朴，率然而对曰：‘顷遭羯贼无道，资财荡尽。’勒笑曰：‘羯贼乃尔暴掠邪，今当相偿耳！’坦大惧，叩头泣谢。勒曰：‘孤律自防俗士，不关卿辈老书生也。’赐车马衣服装钱三百万。”汉族地主士大夫是石勒统治汉族人民的助手，石勒对他们不能不保护。受禁令保护的地主阶级衣冠之士的汉人还不免受胡人的欺辱，至于不受禁令保护的汉族人民群众，就更不用说了。

石勒也知道要想巩固他的政权和统治，必须安定人民生活，恢复生产。他曾以“右常侍霍皓为劝课大夫，与典农使者朱表、典劝都尉陆充等循行州郡，核定户籍，劝课农桑，农桑最修者赐爵五大夫”（《晋书·石勒载记》）。又禁酿酒，以节省粮食。史称：“勒以百姓始复业，资储未丰，于是重制禁酿，郊祀宗庙皆以醴酒。行之数年，无复酿者。”（同上引书载记）

永嘉乱后，北方钱货不行，交易都是以布帛为交易手段。石勒曾铸钱，企图恢复钱货的使用。但以“人情不乐”，“钱终不行”（《晋书·石勒载记》）。当然，人心不乐只是表面现象，钱货使用携带都方便，人心有什么不乐的呢？只是因为这时生产破坏，自然经济更占优势，人才不乐用钱。从西晋末一直到北魏孝文帝太和十九年复行五铢钱止，即约略从公元4世纪初（永嘉之乱）到5世纪末（北魏孝文帝太和十九年复行五铢钱是在公元495年），整整两个世纪北方中原地带是不用钱的。这是中国北方地区经济大受破坏的一个时期。

石勒所建立的后赵，在“五胡乱华”时期胡人所建的王国中，是除去后面要讲到的苻秦王国以外，版图最大的一个王国。在消灭了前赵刘曜，吞并关西地面后，后赵的国境，西起秦、陇（今陕西、甘肃），东止幽、冀（今河北东北部），南括荆、扬、长江以北（今湖北、安徽北部），包括整个中原地带。在这时期，除去东晋以外，只有蜀（今四川）氐人李雄所建立的成、河西（今甘肃西部）汉人张轨和辽东鲜卑慕容氏所建立的燕，独立或半独立于石赵王国之外。

石勒死后，后赵政权落到他的养子（或说养弟）石虎手里。石虎是一个嗜杀成性非常残暴的人。作战时，“降城陷垒，不复断别善恶，坑斩士女，尠有遗类”（《晋书·石季龙载记》）。

在石虎统治时期，一方面大兴土木，一方面对外作战，徭役非常繁重。《晋书·石季龙载记》载：“（季龙）或兴宫室，于邺起台观四十余所，营长安、洛阳二宫，作者四十余万人。又敕河南四州，具南师之备，并、朔、秦、雍，严西讨之资，青、冀、幽州，三五发卒。诸州造甲者五十万人。兼公侯牧宰，竞兴私利，百姓失业，十室而七。”又发“百姓女年二十已下十三已上三万余人，为三等之第以分配之。郡县要媚其旨，务于美淑，夺人妇者九千余人，百姓妻有美色，豪势因而胁之，率多自杀。石宣及诸公又私令采发者亦垂一万”（同上引书载记）。“时沙门吴进言于季龙曰：‘胡运将衰，晋当复兴，宜苦役晋人，以厌其气。’季龙于是使尚书张群发近郡男女十六万，车十万乘，运土筑华林苑及长墙于邺北（石虎移都邺），广长数十里。……乃促张群以烛夜作。起三观四门，三门通漳水，皆为铁扇，暴风大雨，死者数万人。”（同上引书载记）

这样与人民对立的王国是不能维持下去的。在石虎时期，汉人和羯人以外的胡人的暴动，就不断地起来。梁犊所领导的戍卒起义，曾攻陷长安，发展到十万多人。从长安东出，大败石虎的军队，东进到荥阳、陈留（今河南中部）一带。同时统治阶级内部的矛盾也因阶级矛盾的尖锐而扩大，自然会有人起来利用人民群众的不满，夺取政权。

五、慕容氏的南向发展和苻坚兼并北方诸国

公元349年石虎死，诸子争夺政权，互相残杀。石虎养孙汉人冉闵利用胡、汉两族的仇恨，大杀羯胡。史称：“（闵）班令内外，赵人（汉人）斩一胡首送凤阳门者，文官进位三等，武职悉拜牙门。一日之中，斩首数万。闵躬率赵人，诛诸胡羯，无贵贱男女少长皆斩之，死者二十余万。……屯据四方

者所在承闵书诛之。于时高鼻多须至有滥死者半。”（《晋书·石季龙载记》）这是五胡时期，汉、胡两族最残酷的一次互相残杀。统治阶级民族压迫所造成的罪恶，人民受其浩劫。

冉闵杀死石虎的儿子石鉴，自立为皇帝，国号大魏。他曾企图以汉人为基础巩固自己王国的政权。他最盛的时候，“清定九流，准才受任，儒门后学，多蒙显进。于时翕然方之为魏、晋之初”（《晋书·石季龙载记附冉闵载记》）。他曾打算联络东晋，遣使临江告晋说：“胡逆乱中原，今以诛之，若能共讨者，可遣军来也。”（同上引书载记）但晋却按兵不动。

冉闵占据邺，羯胡余部以石祗为中心，占据襄国等一些地方，展开斗争。在汉、胡各族的互相残杀下，王国内部已是土崩瓦解，史称：“（闵）与羌、胡相攻，无月不战。青、雍、幽、冀州徙户及诸氐、羌、胡蛮数百万，各还本土，道路交错，互相杀掠，且饥疫死亡，其能达者十有二三。诸夏纷乱，无复农者。”（同上引书载记）

这时占有辽东、辽西已渐强大起来的鲜卑慕容氏的前燕王国，就利用胡、羯和冉闵的斗争，进兵中原。燕王慕容儁俘虏了冉闵，灭了魏王国，把前燕王国的疆土从辽河左右（今辽宁，河北东部）扩展到黄河下游中原地带。

慕容氏是鲜卑的一支，属东胡族。西晋时慕容氏部落逐渐强盛。酋长慕容廆吞并邻近部落，以大棘城（今辽宁义县西北）为都城，渐渐向国家形式上过渡。慕容氏没有经过奴隶制社会阶段即直接由氏族部落制过渡到封建制社会。慕容氏历史的这种超越发展，是和汉族社会的影响分不开的。慕容廆定居大棘城是在公元294年。当晋惠帝元康四年，慕容氏就加速地接受汉人文化。史称他定住大棘城后，即“教以农桑，法制同于上国”（《晋书·慕容廆载记》）。西晋末，中国大乱，中原人民很多逃到慕容氏的统治区域来。慕容廆就引用了一些汉族士大夫人物到他的左右来。《晋书·慕容廆载记》说：“二京倾覆，幽、冀沦陷，廆刑政修明，虚怀引纳，流亡士庶，多襁负归之。廆乃立郡以统流人。冀州人为冀阳郡，豫州人为成周郡，青州人为营丘郡，……北海逢羡、广平游邃、北平西方虔、渤海封抽、西河宋奭、河东裴开为股肱；渤海封弈、平原宋该、安定皇甫岌、兰陵缪恺，以文章才俊，任居枢要；会稽朱左车、太山胡母翼、鲁国孔纂，以旧德清重，引为宾友；平原刘赞，儒学该通，引为东庠祭酒，其世子皝率国胄束修受业焉。廆览政之暇，亲临听之。于是路有颂声，礼让兴矣。”

公元337年，慕容廆的儿子慕容皝接受汉人封弈等的意见，改称燕王，以封弈为国相，裴开、宋该等并为列卿将帅，妻段氏为王后，子儁为太子。完全采取了汉人的制度。

在慕容皝时，由于俘虏迁徙和流人的归依，都城及附近有十万余户。慕容皝以公田分给贫民耕种。最初的办法是："以牧牛给贫家，田于苑中，公收其八，二分入私。有牛而无地者，亦田苑中，公收其七，三分入私。"（《晋书·慕容皝载记》）其后采纳参军封裕的建议，下令"苑囿悉可罢之，以给百姓无田业者，贫者全无资产不能自存，各赐牧牛一头。若私有余力乐取官牛垦官田者，其依魏、晋旧法。沟洫灌溉，有益公私。主者量造，务尽水陆之势"（同上引书载记）。土地使用也采取魏、晋国有土地的使用方法，即封建土地所有制和封建的剥削方式。这样就在汉人社会的外来影响下，慕容氏社会不经过奴隶制直接由氏族部落过渡到封建社会。

慕容儁是慕容皝的儿子。经过慕容廆、慕容皝两代的经营，燕王国已有强固的基础，正俟机会向外发展，适在这时石赵发生内乱，慕容儁就一举灭了冉闵，进入中原了。

但燕王国所占据的也只是中原的东半部，乘石赵之乱，氐族的苻氏，也以关中为中心，建立了前秦王国。

苻氏是氐族的一个部落，苻坚的祖父苻洪是一个部落酋长。苻洪最初依附刘曜，在石赵的势力扩张到关中的时候，他又投附石赵，而且被迁徙到关东枋头一带（今河南浚县西南）；石虎死，石赵乱，苻洪子苻健率部回关中，并以长安为都城，建立前秦王国。

苻健的儿子苻生，残酷暴虐。公元357年苻坚杀掉苻生，而自立。

东汉以来，氐族已逐渐汉化，有些部落早已经营着农业生活。苻坚取得政权以后，更大力地接受汉族文化。他任用汉人王猛，奖励生产，打击豪强，使王国境内社会安定，人民群众可以安居生活。《晋书·苻坚载记》称："坚以王猛为侍中中书令、京兆尹，……数旬之间，贵戚强豪诛死者二十有余人。于是百僚震肃，豪右屏气，路不拾遗，风化大行。"又云："于是人思劝励，号称多士，盗贼止息，请托路绝，田畴修辟，帑藏充盈，典章法物，靡不悉备。"

内部安定富强以后，接着遂向外开展。首先向东发展。公元370年伐燕，执燕王慕容暐，吞并了黄河下游中原地带，东边国境扩展到辽东，与高句丽为邻。西南方面吞灭了一些独立的地方势力。侵占晋的梁州、益州（今湖北北部、西部和四川）。西边灭凉占有河西，北边灭掉拓跋鲜卑的代。苻坚统一了整个北方。公元381年，西域、东海诸国凡六十二国皆遣使贡其方物。

在苻坚全盛的时期，前秦王国内部的经济文化，是欣欣向荣的。《晋书·苻坚载记上》说："自永嘉之乱，庠序无闻。及坚之僭，颇留心儒学。王猛整齐风俗，政理称举，学校渐兴，关陇清晏，百姓丰乐。自长安至于诸州，皆夹道树槐柳，二十里一亭，四十里一驿旅，行者取给于途，工商贸贩于道。百姓歌之曰：'长安大街，夹树杨槐，下走朱轮，上有鸾栖，英彦云集，诲我萌黎。'"

苻氏前秦王国内部，包括着许多族，如匈奴族、鲜卑族、羌族。在他们彼此间，在他们共同和统治族的氐族间，存在着矛盾。前秦王国的统治把这些矛盾统一起来。但这里也就包含了前秦王国内部的不稳固性。

苻坚对各族的政策，是比较好的。他对于王国内部各族能够平等看待。他企图以汉人文化为中心，融化国内各族为一家。他给他弟弟苻融的信说："今四海事旷，兆庶未宁，黎元应抚，夷狄应和，方将混六合以一家，同有形于赤子。"（同上引书载记）

淝水战争失败，前秦王国瓦解之前，苻坚统治下的前秦王国，是"五胡乱华"一世纪中北方人民比较可以安居乐业的时期。

六、东晋收复中原的活动和淝水之战

从公元317年晋室东渡，到公元370年前秦苻坚灭前燕大致统一中原，这几十年中北方是混乱的。在这时期，逃到南方去的豪族士大夫和一般人民群众，都还有故国之思，时时想着打回来；留在北方的汉人，在胡族统治者的残酷压迫剥削下，更是像大旱望云霓样希望南方汉人政府能够回来。刘聪时，汉人坞主郭默领兵从南向北进攻，到河东的时候，刘聪的司隶部人就有三万人盗牧马负妻子来奔。在这几十年中，从东晋统治阶级中就产生了几次北伐复土运动。从当时的条件看，这些活动是符合并代表了当时南北汉族人民的要求的。我们依时代顺序，就简要地说明一下这些活动。

（1）祖逖的北伐。祖逖，范阳豪族。永嘉之乱时，率亲党数百家避地江南。他认识到北方汉人在胡族统治者的残酷压迫下，是渴望起来反抗的；如果政府能派兵北伐，与北方人民的反抗要求结合起来，是可以推翻北方胡人贵族的统治、恢复统一的。他向元帝建议北伐，要求元帝的支持。当时的元帝正忙于建立他的偏安政权，当然是不会积极支持祖逖的要求的，但也不便反对，于是就派祖逖为豫州刺史，率领原来跟他南来的人，自行招募人去北伐。

祖逖进军到谯城、封丘（今河南开封南）等地，黄河以南的土地，大部分收复。这一带的人民歌颂祖逖说："幸哉遗黎免俘虏，三辰既明遇慈父。"（《晋书·祖逖传》）

祖逖在河南的发展，引起元帝的猜忌。当祖逖在北方的局面正顺利地开展的时候，元帝就派了一个吴人戴若思为将，总领北方诸州。祖逖耻居戴若思之下。祖逖在正想进取河北的时候，却以内部的这些矛盾，怏怏不得志地死去。

（2）庾亮兄弟对北伐的经营。庾亮兄弟，颍川人。妹为元帝子明帝皇后，成帝时以元舅辅政，常有志于北伐。

庾亮的经营是以荆州为中心。当时晋的敌人，在北方是羯族石氏王国（石虎），在西方是賨人李氏王国（李寿）。庾亮想向两方面发展，所以就以荆州为基础。但当时的一般朝臣，对庾亮的北伐计划持反对态度。这时石赵正是强盛的时期，在庾亮的还没有做好准备的时候，石虎南侵，一举而下庾亮驻有精兵万人的邾城（今湖北黄冈），庾亮忧愤发疾而死。

庾亮死后，他的弟弟庾翼代亮领兵镇武昌，庾翼很有志继承他哥哥北伐的遗志，他主张首先移镇襄阳，以求更便于北伐。但朝廷群臣仍反对他，对于他的计划，百般阻挠。他于是违诏自行移镇襄阳，"缮修军器，大佃积谷"，做北伐准备。不幸他也因病死了。他在请求准许北伐的上疏中，曾要求皇帝“表御之日，便决圣聪，不可广询同异，以乖事会”（《晋书·庾亮传附翼传》）。可见他对朝臣反对北伐者的愤恨。

（3）殷浩的北伐。庾氏兄弟之后，北伐的有殷浩。公元349年正是羯族石氏王国的末年，国内大乱。殷浩主张乘时北伐。他的第一目的地是许昌、洛阳，他曾进至许昌，但为羌族领袖姚襄所败，退返。

（4）桓温北伐。庾翼死后，桓温继之任都督荆梁四州诸军事、荆州刺史，镇武昌。桓温先伐蜀，蜀平之后，他曾前后三次北伐。第一次是进攻关中。公元354年，桓温自江陵、襄阳出淅水以征关中，进至灞上。关中的汉族人民争持酒肉来欢迎桓温的军队。年老的感泣地说：“不图今日复见官军。”当时占有关中的氐族领袖苻健采取“坚壁清野”的办法，桓温粮食不继，退还。第二次是进攻洛阳。公元356年，桓温击败姚襄收复了洛阳。桓温极力主张还都，但当时一般朝臣已安于江南的享受，无意于归还北土，举朝反对桓温的还都计划。第三次是进攻黄河下游的前燕王国。公元369年，桓温率兵北伐，一直打到枋头（今河南浚县），但是，又一次因为粮运不继而败退。

东晋几次北伐的失败，都与内部政争有关系。祖逖的北伐，元帝在人力物力上都不支持他，等他自己发展成一个局面后，还要派人去辖制他。这里就是政治问题。庾亮兄弟的经营北伐，更是多方受朝廷中豪族们的反对。桓温对于阻挠北伐和还都洛阳的朝臣士大夫极为痛恨。他给皇帝的上疏说：现在北方寇贼已被击败了，“晋之遗黎，鹄立南望。赴义之士，慷慨即路”。而朝士们横议妄生，致使“垂灭之贼，复获苏息”，真要使人“痛心绝气，悲慨弥深”。

对北伐所持态度的不同，是由于各自在阶层关系上、政治立场上利害关系不同而来的。出身豪族、反对集权、主张分权的集团，就反对北伐；出身地主阶级的中下层或与皇室有联系，在政治上主张集权的人就主张北伐。庾翼、桓温等人在东晋都是主张强化中央，打击豪族分权的。问题是很显然的：要北伐就要有兵，有足够的财力，还要有巩固的后方；当时的东晋，土地、人口大量地被豪族所分割，要足兵、足财，有巩固强化的后方，就要和这些豪族做斗争。所以主张北伐与反对北伐，实质上就是豪族与反豪族、集权与分权两种势力的斗争。

东晋几次企图收复中原的活动失败以后，前秦王国在北方发展强大起来。苻坚统一北方以后，还想进而吞并江南，统一整个中国，就在公元383年发动了向江南的进攻，产生了历史上有名的淝水之战。

苻坚是倾全国之兵来进行这次战争的。史称："（坚）遣征南苻融……率兵骑二十五万为前锋，坚发长安戍卒六十余万，骑二十七万，前后千里，旗鼓相望。坚至项城，凉州之兵，始达咸阳，蜀、汉之军顺流而下，幽、冀之众至于彭城，东西万里，水陆齐进。"（《晋书·苻坚载记》）

苻融前锋攻陷寿春，与晋军夹淝水而阵。

东晋方面领兵的将领是谢玄、谢石、谢琰和刘牢之等。他们所率领的，是招募劲勇之士所组成的一支军队。

这里应该补说一说晋的兵制。晋的兵制是世兵制。所谓世兵制是：（1）兵家子弟世代为兵；（2）兵、民是分离的，兵家以外的民户不负兵役。这种制度是在三国时形成的。三国初年，土地荒芜，户口死亡流散，劳动力缺乏。这时的军事集团都竞于争夺劳动力、户口。依军事领袖的需要，人口使用在两方面，一方面是作兵，增加军力，另一方面是耕田，增加食粮。为了更好地达到这种目的，军事领袖们采取了分工的办法，一部分种地的人口就专去种地，一部分作战的人口就专去作战。曹操、孙权等掠取了人口，都是采取这种办法，所谓"强者为兵，弱者补户"。

从兵、民分离，进一步就形成了世兵制，农之子世为农，兵之子世为兵。世兵制的军队，战斗力是强的。因为这时的兵都是强者，同时是专业的。

由于西晋晚年八王之乱加上胡族的起事，西晋灭亡，晋的世兵消耗殆尽。元帝在建康建立政权，兵力是很弱的。东晋初年靠征发奴隶来组织了一些军队。

谢玄坐镇江北时，招募骁勇组织了一支精壮的军队，号称“北府兵”。《晋书·刘牢之传》说：“初，谢玄北镇广陵，时苻坚方盛，玄多募劲勇，牢之……等以骁猛应选。玄以牢之为参军，领精锐为前锋，百战百胜，号为北府兵。”

淝水之战，谢玄所率领的军队，主力就是这支百战百胜的北府兵，军队的人数，据记载是七八万人。

淝水之战的结果，是东晋完全胜利，苻坚大败。

东晋胜利、苻坚失败的首要原因，是苻坚内部各族的矛盾是严重的，东晋则是在汉人内部各阶级为了反抗落后民族的入侵团结一致下进行抵抗的。

前面我们指出苻坚对待各族的政策是好的，他企图以汉人先进的文化做骨干，融化各族为一家，对于降服的各族能平等地看待。但这时期各族的界限是存在的，因之民族的感情也仍然是很强的，各族间存在着矛盾敌视。这种情况做成了各族贵族阶级维持他的宗派势力的基础。苻坚的政策也就适好为各族的贵族阶级服务，保护了前秦王国内部各族贵族阶级的宗派势力。如果前秦王国能有一个长期的统一和安定，苻坚的政策可以加速王国内各族间的融合同化；但如果遇到外来的挫折，王国也就很易于土崩瓦解。淝水之战，苻坚所遇到的正是后一种命运。前秦王国内部所包含的各族势力，都乘着这个机会，看着苻坚的垮台，来挣脱氐族的统治。

同时，苻坚对待各族政策尽管是比较好的，但在当时南北对比的情况下，苻坚的统治在本质上，仍然是落后的少数民族的贵族统治，南方的汉人，无论统治阶级或劳动人民都要求起来抵抗这种落后的民族统治的侵袭和威胁。就是在北方，苻坚统治下的汉人，民族感情也是很强的，他们可以帮助苻坚去征服别的落后的各族，但他们不愿意帮助苻坚向南方汉人政权进行侵袭。苻坚言听计从的大助手王猛，临死对苻坚的建议和请求，也是不要向东晋进攻。在淝水的战斗正紧张进行之际，为苻坚所俘而又强之做官的东晋名将朱序却在阵后大呼："秦军败了！"史书记载说苻坚的军队因之就大溃。为什么朱序一呼就有这样大的影响，这是有汉人兵士正好不愿与晋作战的条件作基础的。

谢玄所采取的战略是快速的进攻战，这也是构成东晋军队胜利的一个因素。谢玄的军队在数量上虽然没有苻坚的军队多，但在汉人反抗落后民族之侵袭的要求鼓舞下，战斗精神是盛旺的。在苻坚的军队还没有集中之前，谢玄以快速的进攻，击败了苻坚的先锋军队，加以朱序的临阵起义，苻融一死军无主帅，尤其是其他少数民族军队的乘势撤退，苻坚的军队就一退而溃了。

淝水之战失败后，前秦王国随之瓦解，各族乘时纷纷独立。北方又陷入混乱状态。

第二节　淝水之战后的北方和南方

一、北方的混乱和拓跋鲜卑的兴起

淝水之战后，前秦王国失去控制全国的力量，包容在王国内的各个族在他们各自的首领率领下，纷纷起来建立小王国。羌族姚苌占据关中，建立后秦王国，仍以长安为都城。鲜卑慕容垂占据东方，以中山（今河北定县）为都城，建立后燕王国。后秦、后燕是前秦王国瓦解后两个比较大的王国。后秦、后燕之外，在北方有鲜卑拓跋氏复国的代，占有现今内蒙古自治区南部和山西北部，都盛乐（今内蒙古自治区和林格尔县境）。在西方先后出现了：西秦——鲜卑族乞伏氏，都苑川（今甘肃静远西南）；后凉——氐族吕氏，都姑臧（今甘肃武威）；南凉——鲜卑秃发氏，都廉川（今甘肃碾伯县东）[①]；西凉——汉人李氏，都敦煌；北凉——匈奴族沮渠氏，都姑臧；夏——匈奴赫连氏，都统万（今陕西横山县境）。在东方，于后燕外，先后有：西燕——鲜卑慕容氏，都长子（今山西长子）；南燕——鲜卑慕容氏，都广固（今山东益都）；北燕——汉人冯氏，都和龙（今辽宁朝阳）。这是“五胡乱华”时期，小王国建立最多的时期。

拓跋氏是鲜卑族的一支。东汉时期，匈奴衰弱远遁，鲜卑族人居塞外匈奴故地。这次迁徙在拓跋氏的传说中也保存下来。他们说，在他们的祖先诘汾时期，他们向南移转，“山谷高深，九难八阻”，“历年乃出，始居匈奴之故地”（《魏书·序纪》）。

在拓跋力微时期，拓跋氏发展到定襄、盛乐一带（内蒙古自治区南部），和魏、晋有往来。《晋书·卫瓘传》载：“于时幽、并，东有务桓，西有力微，并为边害。”西晋乱，拓跋氏部落在酋长猗卢率领下入居平城（今山西大同），晋封猗卢为代公。猗卢助晋并州刺史刘琨击刘聪，愍帝以猗卢为代王。

从力微到猗卢，拓跋族的历史发展已到原始公社社会的末

① 廉川，在今青海民和回族自治县西北。碾伯县，治所即今青海乐都县（碾伯镇）。民国初属甘肃西宁道。——责编注

期。在这时期，拓跋族对魏、晋的侵扰和对其他族的战争，主要的是为了掠夺财富。在这个社会阶段上，掠夺被认为是一种劳动形式。马克思说："战争便成为每一个这种自然形成的集体的最原始的劳动形式之一。既用以保护财产，又用以获得财产。"（《资本主义生产以前各形态》，中译本，人民出版社出版，第27页）魏、晋政府也常以金帛财物赐给他们，来换取他们少骚扰边地。（参看《魏书·序纪》）

财富的积累，自然促进拓跋氏部落中交换关系的发展。《水经注·河水注》："皇魏桓帝（猗卢兄）十一年（公元305年）西幸榆中，东行代地，洛阳大贾赍商金货随帝后行。"《魏书·莫含传》："莫含，雁门繁畤人也，家世货殖，赀累巨万。刘琨为并州，辟含从事。含居近塞下，常往来国中，穆帝（猗卢）爱其才器，善待之，……常参军国大谋。"

商品货币关系的发展，必然更加促进氏族公社内部贫富差异的扩大，也就促进氏族公社内部阶级的分化，逐步瓦解着氏族公社。

从力微以后，最高酋长王的权力扩大起来，法律有了萌芽。《魏书·刑罚志》载："魏初礼俗纯朴，刑禁疏简，宣帝南迁，复置四部大人坐王庭决辞讼，以言语约束，刻契记事，无囹圄考讯之法，诸犯罪者皆临时决遣。神元（力微）因循，亡所革易。”没有法律，没有牢狱，这正是氏族公社时期的情况。但猗卢时期，情况就不同了。《魏书·刑罚志》说：“穆帝（猗卢）时，刘聪、石勒倾覆晋室。帝将平其乱，乃峻刑法，每以军令从事。民乘宽政，多以违命得罪，死者以万计，于是国落骚骇。”这里，显著地表明猗卢时，最高酋长的权力提高，已有超越公社酋长的权力向王权发展的趋势。为最高酋长王服务的法律已有了萌芽。

拓跋族的历史发展，在猗卢晚年受到一次挫折。

猗卢因为帮助晋刘琨与匈奴族刘聪斗争，从刘琨取得雁门郡陉北楼烦、马邑、阴馆、繁畤、崞县五县（今山西大同南、句主陉山北地），在拓跋部落联盟里也逐渐包括了一些晋人。《魏书·卫操传》说：“始祖（力微）崩后，（操）与从子雄及其宗室乡亲姬澹等十数人同来归国，说桓、穆二帝招纳晋人，于是晋人附者稍众。”猗卢以盛乐为北都，于故大同以南百里㶟水之阳筑新平城（今山西山阴县北），晋人谓之小平城，使长子六修驻小平城，统领南部。（《魏书·序纪》）南部大约是以晋人为多。在这时期拓跋氏还没有长子继承制度，常常是“兄终弟及”和由少子继承。拓跋族部落联盟内包括了众多的汉人，便受了汉族长子继承制的影响。六修是猗卢的长子，六修驻新平城，统领南部，特别易于接近这种制度的影响。

猗卢没有立六修作他的继承人，而是立了他的少子比延，这就和长子六修发生了矛盾。战争在猗卢和六修父子之间发生了，战争的结果是六修胜利，猗卢为六修所杀。但以南部为基础的六修并没有取得北部拓跋族部落联盟本族的拥护，六修被北部所杀。拓跋族“国内大乱，新旧猜嫌，迭相诛戮”（《魏书·卫操传附卫雄、姬澹传》）。南部汉人和其他非拓跋族人，在卫雄和姬澹的率领下脱离了拓跋，南投刘琨。

拓跋族跟着是一段混乱时期。

从猗卢七传到什翼犍（公元238—376年）。什翼犍曾为质子于石赵，住在邺城，受有石赵文化即汉文化的影响。在汉族文化、社会经济的影响下，在什翼犍时代，拓跋族的历史又接续猗卢时代的发展向前推进。

什翼犍即位后，称建国元年，这是拓跋氏有年号之始；并建立了百官，分掌职务。《魏书·官氏志》说：“昭成（什翼犍）之即王位，已命燕凤为右长史，许谦为郎中令矣，余官杂号多同于晋朝。建国二年（公元339年）初置左右近侍之职，无常员，或至百数，侍直禁中，传宣诏命，皆取诸部大人及豪族良家人弟，仪貌端严，机辩才干者应选。又置内侍长四人，主顾问拾遗应对，若今之侍中散骑常侍也。”什翼犍为了强化他的王权，他把文化比拓跋族进步的汉人和拓跋族的氏族贵族子弟都组织在他的周围。

什翼犍时代，也开始有了法律。《魏书·刑罚志》说：“昭成建国二年（公元339年），当死者听其家献金马以赎，犯大逆者亲族男女无少长皆斩，男女不以礼交皆死，民相杀者听与死家马牛四十九头及送葬器物以平之。无系讯连逮之坐。盗官物，一备五；私则备十。法令明白，百姓晏然。”从这里所记述的法律内容来看，它一部分是对氏族传统习惯的肯定，一部分是新法律代替旧的氏族传统习惯，最重要的是它已明确规定对私有制的保护。

什翼犍时代，拓跋族的历史虽然又向前推进了一步，但基本上似仍在氏族部落制阶段，还没有进入国家阶级社会。这时的拓跋氏族部落联盟仍然是以部落为单位来组成的，外来的人，虽然没有血缘关系，他们仍然是被依照氏族部落的方式组织起来。《魏书·官氏志》说：“其诸方杂人来附者，总谓之乌丸，各以多少称酋庶长，分为南北部，复置二部大人以统摄之。”

什翼犍时，正是前秦王国强大起来的时候。苻坚统一北方，当然也不会放过拓跋族。在什翼犍的晚年，拓跋族为苻坚所破。什翼犍的结果，史籍的记载是有纷歧的。《晋书·苻坚载记》说什翼犍被俘至长安，苻坚曾叫他入太学学礼；《魏书·序纪》则说他战败，死在云中。

淝水之战后，前秦王国瓦解，以前为苻坚所征服的各族纷纷独立建立自己的王国，什翼犍的孙子拓跋珪也乘机恢复了拓跋族的独立。

鲜卑族所居的是匈奴的故地。对于没有西逃和南移的匈奴部落，鲜卑族就和他们建立起部落联盟关系，把匈奴部落编入鲜卑部落联盟内。在氏族部落时代，通过征服是仍然可以建立部落联盟的关系的。自然，在这个联盟中，征服族和被征服族的地位不会是完全平等的。马克思曾告诉我们说：“部落制度本身导致区分为高级和低级的氏族——这种差别又由于胜利者与被征服部落混合等等而更加发展。”（《资本主义生产以前各形态》，第8页）因此，我们不要一看见部落联盟就认为他们一定都是平等的，或者一看见征服，就认为没有部落联盟的可能了。鲜卑族征服匈奴入居匈奴故地后，就和留下来的匈奴族结成部落联盟关系，并以婚姻为纽带加强两族的联系。

苻坚进攻什翼犍时，拓跋部落联盟内部匈奴、鲜卑混血种的铁弗部酋长卫辰曾和苻坚合作，向什翼犍进攻。什翼犍失败后，铁弗部酋长卫辰和另一铁弗部酋长刘库仁两部强大起来，组成两个部落联盟。苻坚使他们以河为界，分别占有拓跋氏的故地，卫辰部居西，刘库仁部居东。

拓跋珪复兴拓跋氏中，首先就要与铁弗部的刘库仁、卫辰两个部落斗争。刘库仁这一部与拓跋鲜卑的关系比较好，这一部落最先接受了拓跋珪的领导。卫辰则与拓跋珪展开斗争。最后卫辰失败，被杀，卫辰的儿子率部南逃依附后秦姚兴，后来又在统万建立夏国。

拓跋珪在战地恢复了鲜卑拓跋氏的部落联盟领导地位后，开始向北向南发展。这时期，在拓跋氏北面的是文化上更为落后的高车族和柔然族（魏称之为蠕蠕）；在南面的是鲜卑慕容垂所建立的后燕。拓跋珪击败了高车族，把许多高车部落编入以拓跋氏为首的部落联盟中来。高车是游牧部落，有善战的骑兵。高车的征服和编入拓跋氏部落联盟，增强了拓跋珪的战斗力量。他向南侵袭，逐渐击败慕容氏，侵占后燕王国的土地。经过长期战争，于公元397年，拓跋珪攻陷燕的都城中山，次年又攻陷邺。拓跋氏始改国号为魏，并由盛乐迁都平城。鲜卑慕容氏一部分在慕容德的率领下向南占据晋的广固，组织南燕王国，一部分在慕容宝率领下奔龙城。拓跋珪发展到现在的河北一带。

公元409年拓跋珪死，他的儿子拓跋嗣继位，继续向南侵袭。

两次被停止下来的拓跋族的历史发展（一次是猗卢末期，一次是什翼犍末期），在拓跋珪时期继续发展下去，拓跋珪完成了拓跋族由氏族部落制向国家组织和阶级社会的转化。

什翼犍时期，开始有俘虏生口的记载。《魏书·序纪》记载：公元363年，什翼犍“讨高车，大破之，获生口、马牛羊百余万头”。公元367年，“征卫辰……收其部落而还，俘获生口及马牛羊数十万头”。俘获的生口就是奴隶。对外征服，更刺激起奴隶制的发展。从拓跋珪复国以后，文献记载中关于拓跋族掠夺奴隶的事例，就显著地增多起来。（参看《魏书·太祖道武帝纪》）

俘虏的奴隶，王保留大部分，另外以一部分赐给从征将帅和留守的百官。如“王建……从征卫辰，破之，赐僮隶五千户”（《魏书·王建传》）。张济，随拓跋珪北伐，“谋功居多，尝赐奴婢百口”（《魏书·张济传》）。又安同“因随眷商贩，见太祖有济世之才，遂留奉侍。……太祖班功，……赐以妻妾及隶户三十”（《魏书·安同传》）。

跟随拓跋珪向外征伐的部落大人、扈从，通过虏掠和赐与，都占有奴隶而成为奴隶主。拓跋贵族奴隶主各有典师来专门管理他们的奴隶。《魏书·官氏志》载：“诏始赐王公侯子国臣吏，大郡王二百人，次郡王、上郡公百人，次郡公五十人，侯二十五人，子十二人。皆立典师，职比家丞，总统群隶。”

随着对外征服，疆土的扩大，人口的增加，旧的氏族部落组织已不能适应新的环境的要求。原为氏族制度的各机关逐渐蜕变为国家权力机关，国王的权力扩大而且强化起来。原来是部落联盟军事领袖的拓跋珪，带领着一些氏族领袖突破氏族公社的界限而转化为有国家组织的阶级社会的国王和王公贵族阶级了。

《魏书·官氏志》关于拓跋族的氏族机关在拓跋珪时向国家机关转化的记载虽然不详细，但线索是清楚的。公元386年，拓跋珪置都统长，又置幢将及外朝大人官。都统长领殿内兵，幢将主三郎卫士直宿禁中者，外朝大人出入禁中、典庶事，参军国大谋。这些都是王的近臣，协助国王管理氏族部落以外的国家事务的。国王已经有了脱离氏族的自己的武力。公元396年，又建曹省，备置百官。在占有的汉人地方，又采取汉人的地方行政机关，设置刺史、太守、令长。这些国家官吏，大多数是由国王的近臣侍从来担任，也有的就是氏族部落的酋长大人。如《魏书·和跋传》载：“和跋，代人也，世领部落，为国附臣。跋以才辩知名，太祖擢为外朝大人，参军国大谋。”

国家建立起来了，为拓跋族政治、社会组织基础的氏族部落组织渐渐因为失去它的职能而逐渐衰歇。在拓跋珪时代已看到氏族部落组织的被破坏了。《魏书·官氏志》载：“凡此四方诸部，岁时朝贡。登国初，太祖（拓跋珪）散诸部落，始同为编户。”又《北史·外戚贺讷传》载：“其先世为君长。……四方附国者数十部。……讷从道武（拓跋珪）平中原，拜安远将军。其后离散诸部，分土定居，不听迁徙，其君长大人皆同编户。”从发展上看，拓跋珪离散诸部落，应该是征服中原以后的事，《魏书·官氏志》说是在登国初，大概早了些。

在拓跋珪时代，拓跋氏完成了由原始公社到阶级社会的历史发展。

二、东晋统治阶级内部的斗争和孙恩领导的农民起义

淝水之战后，前秦瓦解，北方各族纷纷独立，组成许多小王国。这时期本是东晋向北发展的好机会。但东晋内部是包含着许多矛盾的，这些矛盾一方面削弱了东晋向外发展的力量，另一方面在外来威胁消失的条件下，也引导内部走向公开的阶级战争和政权变革。

东晋内部的矛盾中，首先要指出的是门阀豪族势力的强

大。门阀豪族占有大量人口劳动力的情况，我们前面已叙述过。东晋政治是为门阀豪族服务的。在东晋，敢与门阀豪族斗争的小官吏，往往是不能存在的。东晋初年主张北伐、主张强化君权的庾翼在给他哥哥庾冰的一封信中说：“江东政以伛偞，豪强以为民蠹。时有行法，辄示以寒劣。如往年偷石头仓米一百万斛，皆豪强辈，而直打死仓督监以塞责。山遐作余姚半年而为官出三千户，政虽不偷，公强官是也，而群共驱之，不得安席。……江东事去，实此之由也。”（《晋书·庾翼传》）只有另一与门阀豪族势力对立的桓温，在他执政期间，曾一度采取打击豪族的政策。桓温于公元364年三月庚戌日行土断法。所谓土断，就是取消侨立的郡县，使逃到南方去的人民就属于所在地的郡县。土断法的实施，对于户口做了一次大整理，对于门阀豪族挟藏人口是一大打击。但桓温死后，土断法也就不废而停止了。

门阀豪族挟藏户口，同时也兼并土地。如豪族刁家，“隆安中，逵为广州刺史，……畅为始典相，弘为冀州刺史，兄弟子侄并不拘名行，以货殖为务，有田万顷，奴婢千人，余资称是。”（《晋书·刁协传附子彝传》）又如谢家，“谢琨，仍世宰相。一门两封，田业十余处，僮仆千人。”（《宋书·谢弘微传》）豪族们不仅兼并土地，而且还封固山泽。

像刁家，“刁氏素殷富，奴客纵横，固吝山泽，为京口之蠹”（《晋书·刁逵传》）。

门阀豪族的人口土地兼并，到东晋后期是一直发展着的。《宋书·武帝纪》载：“晋自中兴以来，治纲大弛，权门并兼，强弱相凌，百姓流离，不得保其产业。桓玄颇欲厘改，竟不能行。”

门阀豪族的兼并，促使人民群众的流离破产。东晋后期，人民流亡的现象是非常严重的。公元383年刘波的上疏中曾指出：“下民侵削，流亡相属，略计户口，但咸安（公元371—372年）已来，十分去三。”（《晋书·刘隗传》）十几年中，户口就损减十分之三，这是惊人的。

淝水战后二年，谢安死，由会稽王司马道子接任主政。在道子主持东晋政府的时期，政治更加昏乱。《晋书·会稽王道子传》载：“时孝武帝不亲万机，但与道子酣歌为务，姏姆尼僧尤为亲昵，并窃弄其权。……官以贿迁，政刑谬乱，又崇信浮屠之学，用度奢侈，下不堪命。太元以后，为长夜之宴，蓬首昏目，政事多阙。”腐败的政治，加深了人民群众的痛苦，当时人就指出：“时谷贱人饥，流殣不绝，由百姓单贫，役调深刻。”（同上引书传）官以贿迁，选举以私，也促进政治上的宗派关系，加深了统治阶级内部各集团间的矛盾。所以在道子执政的时候，阶级矛盾和统治阶级内部的矛盾就一齐爆发出来。

公元397年和398年，兖州刺史王恭两次起兵反对道子。乘着统治阶级内部的混乱，人民群众反抗统治阶级的起义也跟着起来。

起义是在孙泰、孙恩的领导下起来的。孙恩，琅邪人，世奉五斗米道。叔父泰师事钱塘杜子恭。子恭死，泰传其术。孙泰借传教组织群众，“以为晋祚将终，乃煽动百姓，私集徒众，三吴士庶多从之”（《晋书·孙恩传》）。公元398年谋泄，孙泰被诛，孙恩逃亡海外。

公元399年，道子子元显“发东土诸郡免奴为客者号曰乐属，移置京师，以充兵役。东土嚣然，人不堪命”（《晋书·会稽王道子传》）。以私家客为兵，客的主人门阀豪族反对；以客充兵役，客也反对。孙恩乘民心愤怒的机会，自海上回来。“攻上虞，杀县令，因袭会稽，害内史王凝之，有众数万。于是会稽谢鍼、吴郡陆瓌、吴兴丘尫、义兴许允之、临海周胄、永嘉张永及东阳、新安等凡八郡，一时俱起，杀长吏以应之。旬日之中，众数十万。”（《晋书·孙恩传》）孙恩据会稽自称征东将军，号起义群众为“长生人”。起义军的声势是浩大的，大军所到之处，郡县官兵望风奔溃，各地人民处处群起响应。

在昏乱的政治压迫下，人民是在不能生中求生才走上起义一条路，战斗是勇敢的，史称："诸贼皆烧仓廪，焚邑屋，刊木堙井，虏掠财货，相率聚于会稽。其妇女有婴累不能去者，囊簏盛婴儿投于水而告之曰：'贺汝先登仙堂，我寻后就汝。'"（《晋书·孙恩传》）人民这样送死自己的儿女，固然是迷信的支配，但迷信所以能支配，还是由于现实生活的压迫。在能安居乐业的情况下，人民是不会如此的。

东晋政府派去镇压农民起义的主力是刘牢之的军队。这是一支精勇的军队。经过几年的战争，孙恩几次领着军队退回海上，又俟机回来，终于在公元402年为刘牢之部下刘裕的军队所败，孙恩投海而死。在这几年的起义战争中，人民起义军前后被杀的有二十余万。

孙恩死后，起义军复推卢循、徐道复为首，继续斗争。卢循等为刘裕所迫，浮海转据广州。数年后，公元410年乘刘裕北伐南燕的机会又引军北上，进迫建康，刘裕一面拒战，一面派兵由海道袭广州。卢循被迫回师，中途为刘裕所败，徐道复战死，卢循退至交州，最后自杀。

孙恩领导的人民起义，借助于宗教信仰作成组织力量，军队的战斗精神是强旺的。但它和过去历史上的多次农民起义一样，只是对统治者残酷统治的自发的反抗，而没有能够提出自己的口号，明确的斗争目标。起义军所到之处，仍不免于杀官吏掠富户，因之不是扩大了人民起义军的影响面，而是缩小了自己可能争取和发挥的力量。同时起义军所遇到的敌人又适巧是从与北方落后民族斗争中长大起来的一支精勇的军队，孙恩的起义就失败了。

在孙恩农民起义时期，统治阶级内部也展开尖锐的斗争。桓温子桓玄，于王恭起兵时，乘机取得江州刺史的职位，后又占有荆州和雍州，占据了长江上游形势之地。

公元402年，桓玄以讨元显为名，进兵建康，徙道子于安成郡，害元显于市，自为太尉，总揽大权。次年，桓玄又废晋帝自为皇帝，国号楚。

桓玄对于东晋的腐败政治，是曾想加以整顿厘改的。但桓玄在很短的时间就失败了，因此在战胜他的人的朝代里对他没有留下好话。但我们从这些记载的文字缝隙里，仍不难看出他对当时的政治是曾拟有所整顿的。第一，他曾在使政治清明上用力。《晋书·桓玄传》说："自祸难屡构，干戈不戢，百姓厌之，思归一统。及玄初至也，黜凡佞，擢儁贤，君子之道粗备，京师欣然。"第二，他曾拟打击豪族，前面引过的《宋书·武帝纪》也说："晋自中兴以来，治纲大弛，权门并兼，强弱相凌，百姓流离，不得保其产业。桓玄颇欲厘改，竟不能行。”这是说他曾拟打击豪族。《宋书·刘穆之传》说：“桓玄科条繁密。”也正是对“晋纲宽弛”而言的。第三，从文献中我们知道他还曾想打击佛教寺院。东晋以来，佛教寺院经济逐渐发展。寺院经济的发展，在两点上是和君权相矛盾的：一是沙门不礼拜王，二是僧尼有免役特权。沙门不拜王者是和君权的绝对性、君权的至高无上性相矛盾的。沙门有免课役特权，更直接影响皇帝的租税收入。桓玄曾反复地和他的部下讨论沙门应致敬王者，虽然最后他放弃了他的主张。（参看《弘明集》，桓玄《与八座论沙门敬事书》）他提出沙汰僧尼的主张，他的《与僚属沙汰僧众教》说：“佛所贵无为，殷勤在于绝欲。而比者陵迟，遂失斯道。京师竞其奢淫，荣观纷于朝市。天府以之倾匮，名器为之秽黩。避役钟于百里，逋逃盈于寺庙，乃至一县数千，猥成屯落。邑聚游食之群，境积不羁之众，其所以伤治害政，尘滓佛教，固已彼此俱弊，实污风轨矣！便可严下，在此诸沙门有能伸述经诰，畅说义理者；或禁行修整，奉戒无亏，恒为阿练者；或山居尽志，不营流俗者，皆足以宣寄大化，亦所以示物以道，弘训作范，幸兼内外。其有违于此者，皆悉罢道，所在领其户籍，严为之制，速申下之。”（《弘明集》卷十二）站在中央政府皇帝的立场，打击门阀豪族，打击寺院经济，都是应该的。同时这样做，对人民也是有利的，政府统治下的人口劳动力的增加，自然会有助于劳动人民负担的减轻。

桓玄的意图和措施，是和扬州门阀豪族的要求相左的，因此得不到他们的拥护。桓玄的基础在荆州，他是以荆州起事东下取得政权的。东方朝廷上主要的军事力量是谢玄一脉下来的北府兵。谢玄以后，领帅北府兵的是刘牢之，这也是镇压孙恩农民起义的主将。桓玄东下讨元显，刘牢之叛元显投降桓玄。桓玄篡位以后，畏忌北府兵。他先杀刘牢之，并续杀北府旧将中刘牢之党多人。《晋书·桓玄传》载："玄又害吴兴太守高素、辅国将军竺谦之、谦之从兄高平相朗之、辅国将军刘袭、袭弟彭城内史季武、冠军将军孙无终等，皆刘牢之之党，北府旧将也。"桓玄心目中时时注意着北府旧人对他的态度。刘牢之部下，北府军官刘裕，在镇压农民起义中，有勇有谋，已大露头角。在桓玄失败的前夕，桓玄给和北府将领有关系的刘迈（刘毅兄）的信中尚问："北府人情云何？近见刘裕何所道？"（《宋书·武帝纪》）可见他对北府兵畏忌之深。而他终究也就失败在北府军将领刘裕的手里。

在刘牢之被杀、桓玄篡位后，刘裕回京口（今镇江）家居，暗中以北府旧军官为中心联络反桓玄的各种人，谋推翻桓玄政权。公元404年春天二月，刘裕自京口起事，进攻建康。守卫建康的军队，多旧日随刘牢之投降桓玄的北府军。他们听得刘裕来攻，便不战而溃。《晋书·刘毅传》说："毅等军至蒋山（今南京钟山），裕使羸弱登山，多张旗帜，玄不之测，益以危惧。桓谦等士卒多北府人，素慑伏裕，莫敢出斗。裕与毅等分为数队进突谦阵，皆殊死战，无不以一当百。……谦等诸军，一时奔散。"

桓玄失败，奔还荆州，最后仍为刘毅所灭。

三、刘裕的整饬内政、北伐和代晋

刘裕击灭桓玄后，仍迎被桓玄废去的晋帝复位，但政权实际上落到刘裕手里，这一年是公元405年。

刘裕虽然反对桓玄，但政治上他是跟着桓玄的路子走的。他首先着手整顿东晋的昏乱政治。《宋书·武帝纪》载："晋自中兴以来，治纲大弛，权门并兼，强弱相凌，百姓流离，不得保其产业。桓玄颇欲厘改，竟不能行。公既作辅，大示轨则，豪强肃然，远近知禁。"公元411年，会稽余姚豪族虞亮，藏匿亡命千余人，刘裕杀亮，并免会稽内史司马休之官。这一年刘毅以荆叛，刘裕诛灭刘毅，即整理上游荆、江二州的户籍租役。《宋书·武帝纪》载刘裕到江陵后下书说："江、荆雕残，刑政多阙，顷年事故，绥抚未周，遂令百姓疲匮，岁月滋甚，财伤役困，虑不幸生，凋残之余，而不减旧，刻剥征求，不循政道。……凡租税调役，悉宜以见户为正，州郡县屯田池塞，诸非军国所资，利入守宰者，令一切除之。州郡县吏皆依尚书定制实户置台调。”

公元413年，刘裕禁豪强封固山泽。史称：“先是山湖川泽，皆为豪强所专，小民薪采渔钓皆责税直，至是禁断之。”（《宋书·武帝纪》）就在这一年，刘裕继桓温之后又一次实行土断法。他对于桓温是很推重的。他说“大司马桓温以民无定本，伤治为深，庚戌土断，以一其业。于时财阜国丰，实由于此”（同上引书纪）。他这次土断，只有“徐、兖、青三州居晋陵者不在断例”，其余“诸流寓郡县，多被并者”（同上引书纪）。

刘裕这些措施，打击了豪强，是有它的积极的意义的，对于人民是有利的。

刘裕一方面整顿内部政治，一方面积极向外开展。这时北方的胡族王国，在东方的是南燕，西方是后秦。另外在蜀地有谯纵。公元409年刘裕伐南燕，进围燕都广固。北方汉人对于东晋军队的北伐是热烈盼望的。史称刘裕的军队进围广固时，“河北居民，荷戈负粮至者日以千数”（同上引书纪）。

次年拔广固，获南燕主慕容超，斩于建康市。灭南燕，东晋疆土往北扩展到青州一带。

公元412年以朱石龄为益州刺史，领军入蜀伐谯纵。次年灭谯纵，东晋又占有蜀地。

公元416年北攻后秦，收复了洛阳。次年攻入长安，俘获后秦主姚泓，斩于建康。这时，是南北朝时期南朝疆土最大的时期。东起青、兖，沿河西至关中，都是南朝的疆土。

刘裕虽已总揽政权，但统治阶级内部仍是充满着矛盾的。刘裕北伐后秦，后方事务委之刘穆之，适于刘裕克长安后，刘穆之死了，刘裕怕根本之地发生问题，遂留部下王镇恶、沈田子等辅次子义真守长安，自己即仓卒南归。关中汉人闻刘裕将还，诣门泣诉说："残民不沾王化，于今百年，始睹衣冠，人人相贺。长安十陵是公家坟墓，咸阳宫殿是公家室宅，舍此欲何之乎？"（《资治通鉴》卷一一八）这代表了北方汉人在落后民族贵族统治下，对汉人政府的怀念和想望。但在统治者眼里，个人政权斗争，是更重要的。为了他的政权，他不顾人民群众的要求，即匆卒南归了。

留守长安的诸将不和，沈田子杀了王镇恶，王修杀了沈田子，义真又杀了王修，长安大乱。公元418年匈奴族的夏王国赫连勃勃乘机袭取了长安。过了两年，刘裕即篡晋自立，改国号为宋。这时期也正是鲜卑拓跋氏在北方强大起来的时候，逐渐形成宋、魏南北对立的形势。

第三节　东晋时期的南北文化

一、清谈玄学的过江和北方的儒学

西晋的贵族士大夫阶级，生活是腐朽的，思想意识是堕落的。清谈玄学就完全是贵族士大夫阶级那种寄生的、腐朽的、堕落的生活实践的反映。五胡乱起，北方贵族地主大批渡江南来，他们也就把装在他们头脑中的这一套寄生的、腐朽的、堕落的生活和生活意识带到南方来。东晋的门阀贵族是继承着西晋门阀贵族的腐朽的、堕落的生活和生活意识的。祖尚玄虚的风气，一直到晋末宋初仍然是很盛的。据《宋书·羊玄保传》载，玄保有二子，宋太祖赐名曰咸曰粲，谓玄保曰："欲令卿二子有林下正始余风。"王微与何偃书曰："卿少陶玄风，淹雅修畅，自是正始中人。"他们仍然是以不务世事为高。我们可以举王徽之的故事来作一个典型看。《世说新语·简傲篇》载："王子猷（徽之）作桓车骑（冲）骑兵参军，桓问曰：'卿何署？'答曰：'不知何署，时见骑马来，似是马曹。'桓又问：'官有几马？'答曰：'不问马，何由知其数？’又问：‘马比死多少？’答曰：‘未知生，焉知死？’”从这个故事，可以看出东晋门阀贵族阶级清谈玄学生活的继续。

魏、晋清谈玄学只是腐朽堕落的上层门阀贵族阶级的思想意识，至于中下地主士大夫阶级的主导的思想意识，一般地说仍是两汉以来的儒家思想和经学。这一点，我们可以从两方面来证明。

第一，我们从地方学仍然是儒学来证明。西晋亡后，河西和辽东是学术思想兴盛的地方，而这两个地方的学术思想主要的是儒学。本地人所学的，本地人到京都去所学的都是儒学。在高门贵族清谈玄学之士滚滚过江而东的时候，中原儒学之士逃难的地方是河西和辽东。关于河西我们举张轨为例，《晋书·张轨传》云：“张轨，安定乌氏人。家世孝廉，以儒学显。……永宁初出为护羌校尉凉州刺史。……轨到官……征九郡胄子五百人，立学校。始置崇文祭酒，位视别驾，春秋行乡射之礼。秘书监缪世征，少府挚虞夜观星象，相与言曰：‘天下方乱，避难之国唯凉土耳。张凉州德量不恒，殆其人乎？’”关于辽东，我们可以前引《晋书·慕容廆载记》的一段记载为证：“二京倾覆，幽、冀沦陷，廆刑政修明，虚怀引纳，流亡士庶，多襁负归之。……于是推举贤才，委以庶政。……会稽朱左车、太山胡母翼、鲁国孔簒，以旧德清重，引为宾友；平原刘赞儒学该通，引为东庠祭酒，其世子鮡率国胄束修受业焉。廆览政之暇，亲临听之。于是路有颂声，礼让兴矣。”

第二，我们从西晋时北方各族贵族子弟所学多是儒学来证明。各族贵族子弟在本族是贵族，在晋门阀贵族眼里，身份地位是不高的。他们所接触的不是上层门阀贵族，而是中下层士大夫。从记载中我们看见他们在学术思想方面所受的影响也不是清谈玄学，而是儒学。例如匈奴族的刘渊、刘聪情况就是如此。《晋书·刘元海载记》：“（渊）幼好学，师事上党崔游，习《毛诗》《京氏易》《马氏尚书》，尤好《春秋左氏传》，《孙吴兵法》略皆诵之，史汉诸子，无不综览。”《晋书·刘聪载记》：“年十四，究通经史，兼综百家之言，《孙吴兵法》，靡不诵之。”他们所受都是儒学，不是玄学。按匈奴族贵族刘氏，虽分掌匈奴五部，“然皆家居晋阳汾涧之滨”（《晋书·刘元海载记》）；刘元海所受学的是上党崔游。这都说明除京师上层门阀贵族外，地方上，中下层的地主士大夫阶级所习的仍是儒学。

永嘉之乱，上层门阀贵族过江而南，装在他们头脑中的清谈玄学也跟着带过江去；留在中原的，大半是中下层地主阶级，他们所学所奉的多是儒学。

各胡族统治者在北方建立了王国，他们所统治的主要是汉人。为了统治汉族人民，他们需要汉人地主阶级的合作，他们也需要继承汉人所固有的一套统治术，而当时留在北方的中下层地主士大夫阶级所信奉的正是儒学。因此，五胡十六国的各胡族王国统治者，都是很用心于提倡儒学和保护儒学的。刘渊、刘聪都是早年就受有儒学的教育的。石勒虽不学，但称王之后，就特别提倡儒学，建立太学，并亲临太学考试诸经经义。前燕慕容氏在东北时已经汉化，入中原后，更广立学校。苻秦时文教尤盛，苻坚每月一临太学，考诸生经义优劣。所以在胡族统治时期，北方的儒学是相当抬头的。当然我们应该认识到，在本质上，胡族统治者提倡儒学，是为了使用儒学作为他们对汉人进行统治的手段，提倡儒学也是笼络留在北方的中下层地主士大夫阶级的汉人和他们合作的一种策略。五胡时期的儒学，是在这种意义上被提倡的，也是在这种条件下抬头的。

二、葛洪和地主阶级道教理论的创立

道教是东汉时期生长起来的。原始的道教是中国原始巫术的集中表现，中国古代卜筮、阴阳、神仙、黄白、符水、占星、望气等等方术，都是构成原始道教的素材。东汉末，原始道教和农民求生运动结合，而产生太平道等农民宗教组织。在农民起义被镇压下去以后，原始道教便起了变化。一个流派仍与农民群众相结合，仍以符水为人治病，成为人民群众的宗教组织，但统治者却目之为妖道、邪教；另外则分化出来一个为地主阶级服务、炼金丹、修神仙的道教教派。在理论上为后一派奠基的人就是两晋之际的葛洪。

葛洪，自号抱朴子，丹阳句容人。其家世为吴臣，祖、父都在吴做过官。吴亡国后，东南的豪族是为北方门阀贵族所看不起的，葛洪自不能例外。葛洪这种身世，对于他的思想发展，先儒后道是有影响的。因为他是地方小豪门，所以思想是儒学，还不是清谈玄学；因为东南豪族始终受排斥，在政治上不得发展，就走入道家。

就葛洪的经历说，他幼年读儒家经典《孝经》《论语》《诗》《易》，但“竟不成纯儒，不中为传授之师”（《抱朴子·自叙篇》）。四十岁以后，才归宗于道家。

葛洪和鲍敬言的思想正相对立，鲍敬言是否定国家、政治、君臣这一套的，葛洪则加以肯定，认为尊卑等级和天地阴阳一样，都是宇宙自然之道。鲍敬言认为君臣政府是由强暴压服产生的，而葛洪则认为君是制止强暴的。由否定君臣关系，鲍敬言肯定人民群众反抗君主的行动是应该的，而葛洪则加以否定。葛洪自己曾亲自参加过对农民起义军石冰的镇压。《晋书·葛洪传》说："太安中（公元303年）石冰作乱，吴兴太守顾秘为义军都督，与周玘等起兵讨之。秘檄洪为将兵都尉，攻冰别部，破之，迁伏波将军，冰平，洪不论功赏。"

镇压石冰起义后，葛洪事后去洛阳读书，可是"正遇上国大乱，北道不通，而陈敏又反于江东，归途隔塞"。正在这进退两难之际，会有故人谯国嵇居道且用为广州刺史，"乃表请洪为参军，虽非所乐，然利可避地于南，故黾勉就焉。见遣先行催兵，而居道于后遇害，遂停广州。频为节将见邀，用皆不就"（《抱朴子·自叙篇》）。

这一段生活对葛洪仕进的心是一大打击，神仙道家思想在此颠沛流离的生活中就渐渐生长起来。

司马睿在江东建立东晋政权，在初曾尽力拉拢南方豪族，这我们前已讲过。葛洪在镇压石冰起义时未得行赏的功，至此却追叙旧功，赐爵关内侯，食邑二百户。但随着北方豪族过江的众多，基础的稳固，北方豪族就把南方豪族一脚踢开。葛洪在江东小朝廷中，大概也不得意，于是才再去广州，隐居罗浮山炼丹。

葛洪的道，以为神仙是可以学得的。炼丹成了，服之就可成仙。他在《抱朴子·金丹篇》中说："夫丹之为物，烧之愈久，变化愈妙；黄金入火，百炼不消，埋之，毕天不朽。服此二药，炼人身体，故能令人不老不死。”又说：“服神丹令人寿无穷已，与天地相毕，乘云驾龙，上下太清。”他反对祈祷，他认为祈祷是没有用的。他说：“俗所谓，率皆妖伪，转相狂惑，久而弥甚。……不务药石之救，惟专祝祭之谬。……什物尽于祭祀之费耗，谷帛沦于贪渴之师巫。”（《抱朴子·道意篇》）他所反对的正是人民大众的宗教。他对于领导农民起义的道教领袖，如张角等人，是仇视的，认为是奸党逆乱。他说：“曩者有张角、柳根、王歆、李申之徒，或称千岁，假托小术。……诳眩黎庶，纠合群愚。进不以延年益寿为务，退不以消灾治病为业，遂以招集奸党，称合逆乱。”对于人民大众的宗教信仰，他主张用刑杀来制裁。他说：“淫祀妖邪，礼律所禁。然而凡夫终不可悟。惟宜王者更峻其法制，犯无轻重，致之大辟。购募巫祝，不肯止者，刑之无赦，肆之市路。不过少时，必当绝息。”（同上引书篇）

葛洪虽然反对农民派道教的符水，但却从农民派道教中吸收了符箓等可以吸收的东西，因为这种吸收可以扩大他的道教的传布范围。在葛洪的《抱朴子》中，我们看到许多荒诞迷信的符，他说有的符佩上入山，虎可以不吃。

葛洪炼丹派和祈祷派的对立，正如他之反对人民群众的宗教一样，是表现为替地主阶级服务的道教与农民群众派道教的对立。炼丹是需要钱的，而且需要时间，如金液九丹，他说："合此金液九丹，既当用钱，又宜入名山，绝人事，故能为之者少。"（《抱朴子·金丹篇》）能做这种炼丹成仙的只有富有阶级，劳动人民是既无钱又无闲。劳动人民只能信仰符水祈祷的道教。

葛洪在理论上为金丹道教奠定了基础，他是完全站在贵族地主阶级的立场，为这一阶级服务的，他要从理论上打垮农民暴动对宗教力量的运用。他以金丹对抗祈祷，以神仙对抗妖邪，以豪家贵族对抗农民。因此，葛洪的金丹道教是豪门地主的道教。（此节参看侯外庐等著《中国思想通史》第一卷十七章）

三、佛教的大盛和传布

佛教自汉代传入中国，即逐渐传布。魏、西晋时代，西方名僧很多到中国来。佛教经典也开始翻译过来，寺院的修建渐多。除西方僧人外，有些汉人也开始出家做僧尼。据佛教文献统计，西晋时已有一百八十所寺庙，三千七百个僧尼（《佛祖统纪》），洛阳一地有寺庙四十二所（《魏书·释老志》）。

永嘉乱后，佛教更很快地发展起来。东晋五胡时期，在佛教发展史上最有关系的人物，有佛图澄、道安、鸠摩罗什和慧远等几个大和尚。现在我们就结合这几个人来讲一下这一时期佛教的发展传布。

佛图澄是天竺（今印度）僧人。他于永嘉四年，即公元310年，来到洛阳，正是中国历史上一次大乱的开始时期。石勒起来以后，他投奔石勒。石勒很尊敬他，号曰大和尚。石虎对于佛图澄的尊奉有重于石勒，下书：衣澄以绫锦，乘以雕辇。朝会之日，引之升殿，常侍以下，悉助举舆，太子诸公扶翼而上，主者唱大和尚，众坐皆起，以彰其尊。（《晋书·佛图澄传》）

石勒、石虎尊敬佛图澄，是为了以佛教为工具，好进行对汉人的统治。僧尼是可以免除国家的租调的，人民生活困苦，为了免除国家的租税徭役负担，便相率出家当和尚。因此在石赵时期，北方汉人有很多出家为僧尼的。《晋书·佛图澄传》说："百姓因澄故，多奉佛，皆营造寺庙，相竞出家。"因澄故，是表面的原因，真正的原因是为了逃避租税徭役。

人民群众为免除役调而出家，结果必然引起僧尼中的混杂，统治者租税收入的减少。所以贯串整个南北朝、隋、唐历史的政教间的矛盾冲突，在石赵时就已开始。《晋书·佛图澄传》说："百姓……相竞出家，真伪混淆，多生愆过，季龙下书料简。其著作郎王度奏曰：‘佛，外国之神，非诸华所应祠奉。汉代初传其道，惟听西域人得立寺都邑，以奉其神，汉人皆不出家。魏承汉制，亦循前轨。今可断赵人悉不听诣寺烧香礼拜，以遵典礼。其百辟卿士逮众隶，例皆禁之，其有犯者，与淫祀同罪。其赵人为沙门者，还服百姓。’朝士多同度所奏。季龙以澄故，下书曰：‘朕出自边戎，忝君诸夏，至于飨祀，应从本俗。佛是戎神，所应兼奉，其夷赵百姓有乐事佛者，特听之。’”

道安是佛图澄的弟子，随佛图澄在北方传布佛教。石赵末年大乱，慕容氏入中原，道安南去襄阳。前秦攻占襄阳，道安去长安。苻坚对于道安很是尊敬，敕内外学士，有疑皆师于安。

道安博学多识，到处教授弟子。他立志愿要大弘佛法，他分派他的弟子到各地传教。

道安和佛图澄不同的是：佛图澄一方面传布佛教教义，一方面依靠法术和为人看病发展佛教组织，他的主要活动尤在后一方面；道安的活动则多在佛教教义的传布。襄阳习凿齿致谢安的信说：“来此（襄阳）见释道安，故是远胜非常道士。师徒数百，斋讲不倦。无变化技术可以惑常人之耳目，无重威大势可以整群小之参差，而师徒肃肃，自相尊敬。”（《梁高僧

传·释道安传》）

道安最大的贡献，是对佛教经典的整理。《梁高僧传·释道安传》说：“初，经出已久，而旧译时谬，致使深义隐没未通，每至讲说，唯叙大意，转读而已。安穷览经典，钩深致远，其所注《般若》《道行》《密迹》《安般》诸经，并寻文比句，为起尽之义，及《析疑》《甄解》，凡二十二卷。序致渊富，妙尽玄旨，条贯既序，文理会通，经义克明，自安始也。”他后来居住长安时，更亲自助护译经，至死不辍。

这时佛教传入中国不久，律戒译出不全，僧众戒律生活多无依皈。道安努力寻求戒律。他所制定的三例，当时“天下寺舍，遂则而从之”（《梁高僧传·释道安传》）。

鸠摩罗什，生于龟兹。他的家族原是天竺的贵族，后来搬到龟兹。他从幼就很聪明，年七岁随母出家。跟着老师受经，一天可以背诵一千偈（一偈三十二字，凡三万二千言）。苻坚时，遣吕光将七万骑伐龟兹，俘获了罗什。后随吕光来中国，居凉州。后秦姚兴灭吕氏迎罗什至长安，待以国师之礼，使沙门僧肇等几百余人助罗什翻译佛经。后秦时佛教极盛，《晋书·姚兴载记》载：“兴既托意于佛道，公卿以下莫不歆附，沙门自远而至者五千余人，起浮图于永贵里，立波若台于中宫，沙门坐禅者恒有千数。州郡化之，事佛者十室而九矣。”

慧远生于雁门楼烦（今山西崞县境）[1]。年二十从道安出家，后随道安南投襄阳。道安去长安，慧远别师东下，先住荆州，不久去庐山，居东林寺。慧远居庐山三十余年。

慧远少为诸生，博通六经，后由儒转爱老庄，再后始由老庄转入佛。其晚年致刘遗民书云："每寻畴昔，游心世典，以为当年之华苑也。及见老庄，便悟名教是应变之虚谈耳。及今而观，则知沉冥之趣，岂得不以佛理为先。"（《广弘明集》卷二七上）

慧远居庐山，大兴佛法，庐山成为南方佛教的圣地，四方僧众来归者甚多。东晋统治阶级对慧远都是很尊敬的。他所住的东林寺，是江州刺史桓伊给他建的。桓玄下教令沙汰僧尼时，也特别提出"唯庐山道德所居，不在搜简之例"。慧远由老庄入于佛，对于老庄一套玄理，也是很有根底的，他在庐山和东晋名士多有来往，如陶潜、谢灵运等都与慧远相交。

佛教传入中国，西方名僧来中国者辈出，而中国僧人去西方求法的，也逐渐多起来。其中最有名的是东晋五胡后期的法显。

法显，平阳武阳人，三岁出家。到东晋五胡中叶，佛经译

---

① 楼烦，治所在今山西宁武县附近。崞县，治所在今山西浑源县西十五里麻庄。——责编注

出虽多，而戒律未备，法显矢志西去寻求戒律。

公元399年，后秦姚兴弘始元年，法显从长安出发，经西域去天竺。在天竺搜求戒律，学习梵文梵语。遍游北天竺、中天竺，乘商船到师子国（今锡兰）[①]，附商船从南洋回中国。原拟由广州上岸，行程中遇大风，任风漂流，至青州长广郡界（今山东胶州湾）始得上岸。后即由彭城（今徐州）去建康。计法显于公元399年离长安，六年到中天竺，停六年还，三年而到青州，前后共十五年。法显著有《佛国记》，叙述他这次求经的见闻。法显一路备历艰苦，濒于死者数次。这种不避艰苦追求真理的精神，是我们中国人民的优良传统。

佛图澄、道安等人是中国佛教发展初期的几个大和尚，他们的活动对佛教的发展自然是有帮助的。但这里不能误解为由于他们的活动佛教才发展起来。不能太夸大了个人在历史上的作用。东晋五胡时期佛教发展起来的基本原因，是僧尼可以免除租税徭役，人民生活困苦，为了逃避对国家租税徭役的负担，就相随逃入佛寺去做僧尼。

四、史学、文学和艺术

西晋末到东晋初期，史学是相当发达的。私家著述历史的

① 锡兰，今斯里兰卡民主社会主义共和国。——责编注

很多，重要的史家和历史著作有如下述：

（1）王隐，陈郡陈人，出身寒素。父铨，少好学，有著述之志，尝搜集晋史材料和功臣的行状，未就而卒。隐以儒素自守，不交权贵，博学多闻，受父遗业，西晋旧事，多所谙究。愍帝时过江，元帝时任著作郎，撰晋史，后以谤免官。家贫无资用，往依征西将军庾亮，亮供给他纸笔用费，才得完成他的著作。据《隋书·经籍志》，王隐撰《晋书》九十三卷。

（2）虞预，会稽余姚人，著有《晋书》四十余卷，《会稽典录》二十篇，《诸虞传》十二篇。虞是江东人，对于西晋史实是不谙究的，他著作《晋书》，常常访问王隐，并抄袭王隐的《晋书》。

（3）孙盛，太原中都人。幼年避乱过江，曾任桓温参军。盛笃学不倦，自幼到老手不释卷。著有《魏氏春秋》二十卷，《晋阳秋》三十二卷。《晋阳秋》所写的就是他当时的晋史。“词直而理正，咸称良史焉。”（《晋书·孙盛传》）他的秉笔直书，不为暴力所屈，是有古代史学家的精神的。他记桓温枋头之败，不为桓温所喜。桓温告诉孙盛的儿子：“枋头诚为失利，何至乃如尊君所说？若此史遂行，自是关君门户事。”他的儿子向他哀求修改，盛怒不肯。

（4）干宝，新蔡人，东晋初，领国史著作。“著《晋

纪》，自宣帝迄于愍帝，五十三年，凡二十卷。”（《晋书·干宝传》）“其书简略，直而能婉，咸称良史。”（同上引书传）

（5）谢沈，会稽山阴人，东晋康帝时任著作郎，著有《晋书》三十余卷，《后汉书》百卷。

（6）习凿齿，襄阳人。“宗族富盛，世为乡豪。”（《晋书·习凿齿传》）博学洽闻，桓温曾辟为从事，转主簿。著有《汉晋春秋》，起汉光武，终晋愍帝。于三国时，蜀以宗室为正，魏武虽受汉禅晋，尚为篡逆。至文帝平蜀，乃为汉亡，而晋始兴。凡五十四卷。

以上的著作，除有的为他书所引，偶尔保存下来一些片断外，全都佚亡了。

时代稍后的史学著作，有袁宏的《后汉纪》三十卷，是用编年体写的，书现存。另有张璠的《后汉纪》、徐广的《晋纪》，也都亡失了。

东晋前期，在文学上是消沉期，没有伟大的作品和作家。梁钟嵘《诗品》说：“永嘉时贵黄老，祖尚虚谈，于时篇什，理过其辞，淡乎寡味。爰及江表，微波尚传，孙绰、许询、桓、庾诸公，诗皆平典似道德论，建安风力尽矣。”

这时期的人物中，我们可以举出刘琨、郭璞等人，看出时代、生活对作品的影响。刘琨，中山魏昌人，永嘉乱中，留在北方，为并州刺史，绥辑流亡，保晋阳与刘聪、石勒相抗争。后失败归依段匹磾，为匹磾所拘，缢死。刘琨虽“短于控御”，但却“善于怀抚”。他不与当时其他门阀豪族贵族同逃亡江东，却留在北方，绥抚流亡汉人与胡族统治者相抗争。他给愍帝的表说：“聪、勒不枭，臣无归志。”他死前赠别驾卢谌的五言诗，有句云：“功业未及建，夕阳忽西流”，“何意百炼钢，化为绕指柔”，表现了他的效忠国家而又壮志不售的郁积悲怆的感情。

郭璞，河东闻喜人。西晋末北方乱时，逃亡江东。善诗文。郭璞的游仙诗，反映逃避现实，追求神仙以求解脱。

在艺术方面，可以指出的是随着佛教的传布、寺庙的修筑，有了佛教故事和佛教人物壁画的出现。

东晋时代最伟大的画家是顾恺之。

顾恺之，晋陵无锡人，曾做桓温大司马参军。顾恺之善画人物。他画的人物，能传神致妙，栩栩如生，谢安称顾恺之画“有苍生以来，未之有也”（《晋书·顾恺之传》）。他每画成人物，常数年不点睛。人问其故，他说：“四体妍媸，本无缺少于妙处，传神写照，正在阿堵中。”（同上引书传）他画人物，很能注意描写人物的特点。他“曾图裴楷象，颊上加三毛。观者觉神明殊胜”（同上引书传），并且他还能从画中表现人物性格。他为谢鲲作像，把他画在岩石里。人问所以，他说：“此子宜置丘壑中。”（同上引书传）他的写实主义的态度，是很坚决的。他要给殷仲堪画像，殷有目疾固辞。恺之曰：“明府正为眼尔，若明点瞳子，飞白拂上，使如轻云之蔽月，岂不美乎。”（同上引书传）

顾恺之的人物画，现存的只有可能是隋末唐初所临摹的《女史箴图卷》（前半已失）的摹本。这是世界名画中杰出的作品之一，中国人民的宝贵的遗产。这幅画于1900年八国联军的暴行中，为英帝国主义掠去，现存伦敦大英博物馆中。

顾恺之画人物，也画山水，过去画家画山水，只作为人物的背景，自顾以后，开始有独立的山水画，所以后代人称顾恺之为“山水画的祖师”。

文学上一向沉寂的东晋，到了晋末宋初活跃起来，出了几个有名的文学家。其中最有名的有陶潜、颜延之、谢灵运等。颜、谢时代稍晚，我们可以归到宋、齐文学中去讲，这里只讲一下陶潜。

陶潜，浔阳柴桑人，是东晋初大司马陶侃的曾孙，但陶潜这一支到他的时候已经没落。中年时期，曾做过几任小官。义熙以后，因为思想上不喜欢刘裕的作为，便不再做官，守穷终老田园。

陶潜的一生，尤其是晚年，生活是相当穷苦的。这从他的诗句“弱年逢家乏，老至更长饥。菽麦实所羡，孰敢慕甘肥”，“岂期过满腹，但愿饱粳粮”中体会得出。他甚至过过乞食的生活，他的乞食诗有句云：“饥来驱我去，不知竟何之。行行至斯里，叩门拙言辞。”（以上引文见《陶渊明集》）

但，我们似乎还不能从旧社会劳动人民饥寒穷苦的生活意义上来认识陶潜的穷苦。陶潜虽然穷苦，但他还是没落下来的大家。他的文名，在当时已是相当高的，很多的大官争着辟他做官，只是他皆不就。他是当时庐山大和尚慧远的好友。在他晚年家居的时候，江州刺史王弘慕名去看他，他还不见。还是王弘探听到他要去庐山，带着酒食预先在半道等他，才得相会。他有“门生”，也还有仆。又不自营生业，家务悉委之儿仆。（《晋书·陶潜传》）

从《归园田居》诗来看，他可能直接参加农业生产劳动，但这种参加，恐怕是附带的，并且不是自己的生活或自己家人的生活都靠在他这种劳动上。他的农业劳动，恐怕是正如他在《归去来辞》中所说的“怀良辰以孤往，或植杖而耘耔，登东皋以舒啸，临清流而赋诗”。这几句话，说明陶潜直接参加农业劳动，但这种劳动还不是他的主要工作，这劳动是他喜欢参加就参加，不参加也可以的劳动，而且一面劳动，一面还舒啸赋诗。

我们这样来分析，一点也不贬低对陶潜的评价和他在文学上的造诣和地位。陶潜不向权贵低头，虽然有官可做，宁愿守穷而不做，这种“傲骨”精神是可敬的。宋朝的大儒朱熹说：“晋、宋人物，虽曰尚清高，然个个要官职，这边一面要清谈，那边一面招权纳货。陶渊明真个能不要，此所以高于晋、宋人物。”（《朱子语录》）

陶潜少年时接受过儒家的教育，他的《饮酒诗》有“少年罕人事，游好在六经”句，可以为证。因此，在少年时期，他也是有过负担时艰的豪气的。但壮年以后，“乱也看惯了，篡也看惯了”（鲁迅先生语），政治的发展又不符合于自己理想、感情的要求，陶潜才意志消沉，转接受老庄的影响。但他并没有走向清谈玄学家像阮籍那种狂达，也没有走向像嵇康那样偏激，而抱着自然、平淡、和平、恬静的，像他自己所说的“纵浪大化中，不喜亦不惧”（《神释》）的生活态度。

他的文学作品，无论诗、辞、散文都反映了他这种悠闲自乐的思想。他的《五柳先生传》写他自己说：“先生不知何许人也，亦不详其姓字。宅边有五柳树，因以为号焉。闲静少言，不慕荣利。好读书不求甚解，每有会意，便欣然忘食。性嗜酒，家贫不能常得。亲旧知其如此，或置酒而招之，造饮辄尽，期在必醉，既醉而退，曾不吝情去留。环堵萧然，不蔽风日，短褐穿结，箪瓢屡空，晏如也。常著文章自娱，颇示己志，忘情得失，以此自终。”

他的诗，以田园生活为题材，也都表现出他这种幽闲恬静不慕荣利的意境，我们现举他的《归园田居》诗其一为例：

少无适俗韵，性本爱丘山。误落尘网中，一去三十年。
羁鸟恋旧林，池鱼思故渊。开荒南野际，守拙归园田。
方宅十余亩，草屋八九间。榆柳荫后园，桃李罗堂前。
暧暧远人村，依依墟里烟。狗吠深巷中，鸡鸣桑树颠。
户庭无尘杂，虚室有余闲。久在樊笼里，复得返自然。

陶潜的感情是真挚的，对于现实是有热情的。鲁迅先生说：“他于世事也并没有遗忘和冷淡，不过他的态度比嵇康、阮籍自然得多。”（《魏晋风度及文章与药及酒之关系》）这是完全正确的，他对于当时的政治社会现状不满意，他反对欺诈、压迫和战争，而要求无战争无剥削、人们可以安居乐业地和平生活。他的希望，表现在他对于根据当时流亡逃户所建立的村社生活现实所幻想出来的桃花源社会的描写里。他所幻想的桃花源社会是“春蚕收长丝，秋熟靡王税”，是“怡然有余乐，于何劳智慧”（《桃花源诗》）。陶潜不满意现状，要求一个无剥削无压迫的平等、安乐、幸福的社会，这是有积极的意义的。

第三章　南北朝时期

第一节　南北朝的对立和北魏的强大

一、北魏统一北方和宋魏间的战争

在刘裕北上灭后秦的时候，北魏的势力已发展到黄河北岸。刘裕的军队只沿河西去向关中进攻，没有过河和北魏的军队发生接触。

在刘宋的初年，大约到公元439年止，北魏的势力继续向四方发展，一方面向南侵占了刘宋河南面的一些州郡，一方面灭掉关中的夏和北方残存的一些小国，统一了北方。

刘裕篡位后，在位只两年就死去了，公元422年，北魏乘刘裕死的机会，大举南侵。

北魏的军队出发前，魏主拓跋嗣曾集合他的大臣和将领讨论战略问题。武将奚斤主张先攻城，文官崔浩主张先略地。崔浩说："南人长于守城，苻氏攻襄阳，经年不拔。今以大国之力攻其小城，若不时克，挫损军势，敌得徐严而来，我怠彼锐，危道也。不如分军略地，至淮为限，列置守宰，收敛租谷。滑台、虎牢反在军北，绝望南救，必沿河东走，若或不然，即是囿中之物。"（《魏书·崔浩传》）拓跋嗣采纳了奚斤攻城的主张，就以奚斤为将，将魏兵南下。先攻占了滑台（今河南滑县），一方面进兵虎牢（今河南汜水境），一方面令叔孙建自平原过河侵入青、兖二州（今山东）。

刘宋的军队和汉族人民对于落后的拓跋氏南侵的抵抗，是非常英勇的。宋青州刺史竺夔聚民守东阳城（今山东益都），不入城的人民，就各自依山据险，芟夷禾稼，坚壁清野，使魏兵到后得不到东西吃。叔孙建领三万骑围攻东阳城，东阳城中文武才一千五百人。竺夔等悉力固守，时出奇兵出击魏兵。时天暑，魏兵多疫，刘宋将领檀道济又率救兵来，魏兵被迫西退。青州守住了。（参看《宋书·索虏传》）

宋司州刺史毛祖德守虎牢，从公元422年十一月到次年闰四月，前后二百多天，无日不战。宋兵死亡殆尽，而魏的大军却源源而来。魏人攻毁虎牢外城，毛祖德就在里面又筑三重城以拒之。魏人攻毁其二重，宋军民唯保一城，昼夜相拒，战士眼皆生创，但战斗到底，没有一个逃离。南方派来的救军畏魏

军不敢进，最后城终被攻陷，毛祖德也被俘。（参看同上引书传）

这一场战争，北魏侵占了宋的司州（今河南中部）、兖州（自湖陆——今山东鱼台东南七十里以北）、豫州（自河南项城以北）的大部分。拓跋嗣侵宋之战后，回去就死了，太子拓跋焘即位，是为北魏史上的太武帝。

公元425年，夏主赫连勃勃死，子昌立。次年拓跋焘领兵伐夏，败夏主赫连昌于统万，并乘胜占有关中长安。公元427年再出兵，攻陷统万，夏主赫连昌败走上邽。公元428年魏虏赫连昌，昌弟定又称帝于平凉（今甘肃平凉县境）。赫连定曾一度打败魏兵，复至长安。直到公元430年，魏才平定关中和陇右。

后燕在中原失败后退保和龙。后来汉人冯跋取得后燕的政权，自称天王，历史上称为北燕。公元436年北魏灭北燕。至此，北方的胡族小王国就只剩了一个北凉了。公元439年拓跋焘伐北凉，北凉主沮渠牧犍降，北凉亡，北魏完全统一北方，中国形成南北两个政权对峙的局面。所以公元439年，是过去一般史家认为南北朝开始的一年。

刘裕死后，刘宋经过了短时间的内乱。权臣徐羡之、傅亮、谢晦杀死少帝义符，并杀刘裕次子义真而立三子义隆，是为宋文帝。文帝又杀了徐、傅、谢三人。文帝时代，是南朝百多年中，一个比较好的时代，他的年号是元嘉，有三十年，历史上有“元嘉之治”的称号。史称这一时期：“氓庶蕃息，奉上供徭，止于岁赋，晨出暮归，守事而已……凡百之乡，有市之道，歌谣舞蹈，触处成群。盖宋氏之极盛也。”（《宋书·良吏传》）

宋初政治之安定，是与晋末人民起义的影响分不开的。刘裕是人民起义军的敌人，但通过和人民起义军的战争，使他了解要想安定他的政权，就必须整肃政治，打击豪强，保护人民的生活。他的儿子文帝，也能继续他的政策，才取得元嘉之治。当然，元嘉时期也只是动乱中的小康，并非太平盛世。

北魏拓跋嗣乘刘裕死的机会侵夺了宋的司州和兖、豫诸州的一部分。在政权稍安定后，文帝曾想夺回这些失地。

公元430年春宋师伐魏，以到彦之等为将，水陆俱进。先遣使告诉拓跋焘说：“河南旧是宋土，中为彼所侵，今当修旧境，不关河北。”（《宋书·索虏传》）拓跋焘以河南四镇（金墉、虎牢、滑台、碻磝）兵少，令诸军悉收众北渡。宋兵很容易地收复了河南的失地，沿河往西，以至于潼关。

但冬天，北魏反攻，宋军战败，收复的土地和四镇相继又为魏军夺去。到彦之北伐时，“甲兵资实甚盛，及败还，委弃荡尽，府藏武库为之空虚”（《资治通鉴》卷一二一，并参看《南史·到彦之传》）。

文帝北伐的时候，正是北魏拓跋氏兴盛发展的时期。就在这一年的前一年，拓跋焘刚大破他的北方大敌柔然。“柔然种类前后降魏者三十余万落，获戎马百余万匹，畜产车庐，弥漫山谷，亡虑数百万。”（《资治通鉴》卷一二一，参看《北史·蠕蠕传·高车传》）高车诸部迎降者亦数十万落，获牛马羊百余万。（参看《资治通鉴》卷一二一）拓跋焘“徙柔然、高车降附之民于漠南，东至濡源，西暨五原阴山三千里中，使之耕牧而收其贡赋；命长孙翰、刘絜、安原及侍中代人古弼同镇抚之。自是魏之民间马牛羊及毡皮为之价贱”（《资治通鉴》卷一二一）。

刘宋在这个时期北伐，就失败了。

这次战争过后，魏、宋两国维持了一个时期的和平。到公元450年，宋、魏间又发生了另一次大战，在这一次战争中魏军南下进抵长江北岸。

这一年春天，魏先侵宋，宋军坚守悬瓠，魏人引退。到了秋天，宋军大举北伐。以兵力不足，发青、冀、徐、豫、二兖六州，三五发丁（三丁发一，五丁发二）；扬、南徐、兖、江四州，富民家赀满五十万，僧尼满二十万，并四分借一。

宋军进取碻磝（山东茌平西南）围滑台。别军且攻至陕，大败魏军，进临潼关。拓跋焘也大举出兵迎击。拓跋焘惩于以前攻城战的失计，这次采取略地战，所遇城池如彭城、盱眙（今安徽盱眙）不下，即越过去，率兵直南进抵瓜步（今江苏六合东南），宋戒严守江，魏不得渡，才退。

拓跋焘对外的攻战，仍然是一面进行原始的野蛮的屠杀，一面虏掠奴隶。史载拓跋焘在这次战争中的残杀情况说："魏人凡破南兖、徐、兖、豫、青、冀六州，杀伤不可胜计，丁壮者即加斩截，婴儿贯于槊上，盘舞以为戏。所过郡县，赤地无余，春燕归，巢于林木。"（《资治通鉴》卷一二六）不遭杀戮的便被虏掠为奴隶。宋盱眙太守沈璞，告励他的部下说："贼之残害，古今之未有，屠剥之刑，众所共见，其中有福者，不过得驱还北国作奴婢耳！"（《宋书·自序传》）这次战争中，拓跋焘就驱略了南人五万余家。（参看《资治通鉴》卷一二六）

在这时期北魏拓跋氏统治下的汉人和各族人民，所受的欺辱、压迫、剥削是非常重的。在战争中汉人和其他各族人民被驱作前阵，鲜卑骑兵在后监督，步兵不进，即被骑兵踏死。（参看《资治通鉴》卷一二五）拓跋焘在给宋盱眙守将臧质的信里就亲口说："吾今所遣斗兵，尽非我国人。城东北是丁零与胡，南是三秦氐、羌。设使丁零死者，正可减常山赵郡贼，胡死正减并州贼，氐、羌死正减关中贼。卿若杀丁零、胡，无所不利。"（《宋书·臧质传》）残暴的统治，当然会引起汉人和其他各族人民英勇地反抗。在这次刘宋出兵进攻河南时，"河洛之民，竞出租谷。操兵来赴者，日以千数。"（《资治通鉴》卷一二五）他们渴望着能打败拓跋氏，恢复汉人政权。

二、拓跋氏的封建化

拓跋族在拓跋珪时代进入阶级社会，有了国家组织。

就拓跋族自身的历史发展说，从拓跋珪到拓跋焘祖孙三代时期（公元386—451年）是拓跋族奴隶制大为发展的时期。像我们前面所引用的材料所说明的，在这时期，拓跋族在对外战争中，是大量地俘虏人口做奴隶的。拓跋嗣和拓跋焘每以俘获的人口赐给臣下。（参看《魏书·太宗纪》和《魏书·世祖纪》）

通过战争的虏掠和赏赐，拓跋氏的王、氏族贵族、从征将士以及王的亲信扈从都成为大大小小的奴隶主。在国王直接管理下，就有很多奴隶参加着纺织、畜牧等生产劳动。《南齐书·魏虏传》载："（拓跋焘时）妃妾皆住土屋，婢使千余人，织绫锦贩卖，酤酒，养猪羊，牧牛马，种菜逐利。"这段材料，一方面鲜明地显示出拓跋氏初进入阶级社会时王室的朴素，另一方面说明这时的王就是一个大奴隶主。

但拓跋族的奴隶制度并没有能充分地发展起来，而是夭折了，接着就进入封建社会。

拓跋族在奴隶制发展的同时，也有了农奴制。

农奴制的起源是很早的，差不多是和奴隶制同其古老。在《家庭、私有制和国家的起源》一书中，恩格斯曾引用马克思的话说明农奴制起源之早说："马克思对这一点（家长制家族时期奴隶制的出现——兹全）补充道：'现代的家庭，在萌芽时，不仅包含着奴隶制，而且也包含着农奴制，因为它从最初起，就是和耕地操作有关的，它以缩影的形式包含了一切的对抗，这些对抗后来在社会及其国家中广泛地发展起来。'"（人民出版社出版，中译本，第55页）公元1882年12月23日，马克思逝世前几个月，恩格斯给马克思的一封信里也阐述过农奴制起源之早和农奴制与耕地操作的关系。恩格斯说："农奴制和隶属制关系不只是一种中世纪封建制所特有的形式，在任何地方或者说是几乎在任何地方，只要在那里征服者仍然是把土地交回原来的居民为他们去耕种，我们就可以看

见这种形式。例如在很古时期的色撒里。”（纽约国际出版社出版，英文版《马克思恩格斯通信选集》第411—412页）

拓跋族农奴制的产生就是和耕地操作有联系的。

拓跋族是游牧族，入塞以前，主要的生产是畜牧业。从力微时期开始，尤其到了猗卢时期，由于向南发展，逐渐占有了今内蒙古自治区的南部和山西的北部，境内包括了一些农业人口，主要的是汉人，因此拓跋族也渐渐有了农业。在什翼犍时期，由于农业的影响，已渐渐有了定居的要求。公元339年，什翼犍曾召集各部六人讨论定居问题，由于反对的力量大，没有商定（参看《魏书·序纪》）。但这说明农业在拓跋族的经济生活中已逐渐占有地位了。

拓跋珪以后拓跋族统治区域内农业生产的比重更是逐渐提高。拓跋珪曾于公元394年，“使东平公元仪屯田于河北、五原至于稒阳塞外（今内蒙古自治区河套北）”（《魏书·太祖纪》）。公元395年，后燕慕容垂遣子宝攻拓跋珪。“燕军至五原，降魏别部三万余家，收穄田百余万斛。”（《资治通鉴》卷一〇八）。这说明拓跋珪时期，今内蒙古自治区的南部河套地方有很大的一个农业区。

拓跋珪击破后燕的战争中，曾迁徙现今河北一带的人民到京师附近去从事农业生产。对于这些迁去的人，是按人口供给田地的。《魏书·太祖纪》载："天兴元年（公元398年）正月，徙山东六州民吏及徒何、高丽杂夷三十六万、百工技巧十万余口以宠京师。……二月，诏给内徙新民耕地，计口受田。"

根据文献记载，在拓跋珪的儿子拓跋嗣时期也有过一次计口受田。《魏书·太宗纪》："永兴五年（公元413年）七月，奚斤等破越勤倍尼部落于跋那山西，获马五万匹，牛二十万头。徙二万余家于大宁，计口受田。"

在氏族公社时期，对外战争掠夺来的土地是属于公社公有的。拓跋族在这时期，氏族公社已被逐步破坏，私有财产发展起来，国家组织已经建立，土地大约已属于王有，征服的人民也应该是属于王有的。这些被强迫迁徙的人口，在身份上最初可能仍是奴隶。但他们可能已和一般的奴隶有别，因为他们已被称为新民，而且还保存他们原来的家庭组织。加以他们是计口受田的，他们的身份很可能是接近农奴或逐渐由奴隶转化为农奴。

但如果说，拓跋族的奴隶制并没有得到发展，拓跋族的历史发展是由原始公社制，在奴隶制夭折了的条件下，接着就进入封建社会了，其原因也还不能单纯地从拓跋族农奴制的产生上来说明。因为农奴制产生很早，在奴隶制的初期，往往都是伴有农奴制的。拓跋族的历史发展，由原始公社，在奴隶制夭折的条件下，接着就进入封建社会的更主要的原因，是它向外征服中所遇到的是在历史发展上远比它进步的已经渡过奴隶社会进入封建社会的汉族。在这种条件下，它只有加速自己社会的发展，由原始公社经过奴隶制的发展很快地就进入封建社会，而不能拉着汉人社会倒退到奴隶社会来。拓跋氏没有方法打散汉人的封建社会组织，再以奴隶劳动的方式，把汉人编入自己的社会体内。同时，封建社会是比奴隶社会进步的，拓跋氏也不可能拿奴隶制来代替封建制。

拓跋族侵入中原地区后，随着他们占领汉人的地区日广，统治的汉人日多，他们原来把俘虏和被征服族做奴隶的政策，便越来越需要改变，改变成不打散汉人的社会组织，不把汉人俘虏去做奴隶，而是保存汉人原来的社会制度，只在征服的基础上，利用原来的制度以剥削汉人的剩余产品。拓跋珪在攻占后燕的中山和邺后，就采用了当地原来的租税制度，要汉人向他交纳田税。《魏书·太祖纪》载："天兴元年，诏大军所经州郡复赀租一年，除山东民租赋之半。"其后又于公元399年，"除州郡民租赋之半"（同上引书纪）。拓跋嗣于公元418年，"以范阳去年水，复其租税"（同上引书纪）。次年，"雁门、河内大雨水，复其租税"（同上引书纪）。又次年，“南巡幸雁门，赐所过无出今年租赋，……八月东巡，所过复一年田租”（同上引书纪）。复租赋、田租正说明拓跋族统治者已采用了汉人原来的剥削制度来剥削汉人了。

在保存汉人原来的社会制度和采用汉人原来的租税制度的同时，拓跋氏贵族也逐步和汉人地主贵族阶级相结合。既然不打破汉族原来的社会组织，既然在人口数量上汉族是一个远远超过拓跋族的大民族，则对于汉人社会的统治采用汉人原来的一套统治思想、统治组织便成为必要。同时，要完成这种统治，与汉人豪族士大夫阶级的合作也就成为必要。

公元396年，拓跋珪取得并州，开始注意和汉族地主阶级的合作。《魏书·太祖纪》说：“帝初拓中原，留心慰纳。诸士大夫诣军门者无少长悉皆引入赐见，存问周悉，人得自尽，苟有微能，咸蒙叙用。”公元398年，克邺平后燕，改国号为魏，设立国子太学，并为五经群书置博士官。

拓跋嗣“礼爱儒生，好览史传”（《魏书·太宗纪》）。于公元413年，“分遣使者巡求俊逸，其豪门强宗为州闾所推者，及有文武才干、临疑能决，或有先贤世胄、德行清美、学优义博，可为人师者，各令诣京师，当随才叙用，以赞庶政”（同上引书纪）。

所以，在拓跋珪、嗣、焘祖孙三代时期，我们一方面看见拓跋族奴隶制的发展，同时也看见农奴制和封建因素的生长。《魏书·食货志》说拓跋焘在开拓领土中，“以五方之民，各有其性，故修其教不改其俗，齐其政不易其宜，纳其方贡以充仓廪，牧其货物以实库藏”。这段记载是很重要的。承认各族“各有其性”，因而“不改其俗”“不易其宜”，就是明确地说明拓跋氏逐渐改变政策，逐渐放弃对外虏掠奴隶的做法而改变为保留他们各自原来的社会组织，加以统治。对外征服的对象，主要的是汉族，汉族这时已是封建社会。通过这样一种改变，拓跋氏就快速地封建化了。

三、宋齐时期南方的民族斗争和开发

公元420年刘裕代晋，建立了宋，公元479年又为萧道成所代，共八帝，五十九年。齐自公元479年篡宋，到公元502年为梁武帝所篡，共七帝，二十三年。宋、齐两朝一共八十二年。

在这八十多年中，南方在经济上是一个继续开发的时期，在民族上则是经过惨酷的斗争而走向融合的时期。

宋、齐时期，南方经济的开发，一方面表现在人口的增加和土地的垦殖，另一方面则是城市和商品——货币关系的发展。东汉末到西晋末，长江流域所受战争和胡族侵扰的破坏，是远较北方黄河流域为轻的。在北方社会经济遭受战争和胡族的侵扰而至土地荒芜、人口减少、城市破坏、商品货币经济衰落的时候，随着南方农业的垦殖、人口的增加，靠着长江交通的方便，南方的商品货币关系，主要的是在长江沿岸，却发展起来。五胡时期和北朝的初年，北方的商业交换活动是很少的，钱币已不通行，交换手段是布帛和谷物。在东晋到宋、齐，南方的钱货使用区域却是逐渐扩张。《宋书·何尚之传》说："晋迁江南，疆土未郭，或土习其风，钱不普用。……今王略开广，声教遐暨，金镪所布，爰逮荒服，昔所不及，悉已流行之矣。"由于钱币的铸造落后于社会对钱币的需要而产生的筹码不足、盗铸铜钱等问题，是南方社会经济问题中一个主要的问题。

长江是东西交通的大动脉。江陵、夏口、建康和京口是沿长江上下游的大都市、货物的集散地。其中建康更是南方的政治经济中心，商业特别繁盛。在公元404年（晋安帝元兴三年），一次风灾，便有"贡使商旅，方舟万计，漂败流断，骸胔相望"的结果，可见长江中船舶之多。长江船只所运的货物，除各地的土产、奢侈品之外，还有人民生活所需的粮食。建康都市人口的粮食，主要的仰仗于长江的运输。在南齐初年，三吴各地连年水灾，而粮价并不高涨（《南齐书·刘悛传》）。这充分说明了南方商品经济的发达。因为商品经济发达，粮食可以从别地方运来，所以纵有水灾，粮食减产，而粮价并不因之而贵。

因为商品经济发达，“关市之征”成为南方政府的主要税收。北魏世宗时甄琛上疏，曾以南朝关廛之税比北朝谷帛之输。他说：“今伪弊相承，仍崇关廛之税；大魏恢博，唯爱谷帛之输。”（《魏书·甄琛传》）南方政府的财政，是依靠商业税的。

中国和南海各地的贸易，在宋、齐这一时期也有很大的发展。广州是和南海贸易的大都市。南海的商品从这里进入中国，中国的货物从这里运出国外。在广州做官的，无不致巨富。当时人说：“广州刺史但经城门一过，便得三千万也。”（《南齐书·王琨传》）如刘宋时的褚叔度任广州刺史，“在任四年，广营贿货，家财丰积。……还至都，凡诸旧及有一面之款，无不厚加赠遗”（《宋书·褚叔度传》）。

长江以南是一个多民族的区域。在这一广大区域中，居住着许多族，就是直到今天，还有许多少数兄弟民族保持着他们独特的民族传统和风俗习惯。截止到魏、晋时期，汉族和汉族文化在南方的发展，也只是沿长江交通线的两岸，沿海以广州为重心的一些点，和从荆州南下，通过湖南逾五岭而至广州的交通线上疏落的一些点。这以外的广大区域，还都是文化上比汉族落后的各族人民居住着。

东晋初，北方汉人大量南移，东晋和宋、齐时期，汉人和汉族文化才逐渐地在南方扩张起来。这种扩张，也还只是沿着原来汉人已经居住的上述几个点线区域，向外发展。这些区域就是长江沿岸，从荆州、郢州（今湖北、江西）到广州的沿线等地区。当时在南方广大地区居住着的民族，主要的有“蛮”“俚”“僚”等，所谓南方民族间的斗争融合，也就是汉人和这些民族间的斗争融合。

蛮，是南方诸民族中人数最多的一个民族，因之“蛮”常用为南方非汉族各族的通称。蛮族中有两大支：一是长沙、武陵之槃瓠蛮，居住的区域是今湖南境；一是巴郡廪君蛮，居住的区域是今湖北境。西晋末，乘北方胡族起事，汉人政府统治力量薄弱的机会，蛮人也扩大自己的居住区域。南北朝初年，东起寿春，西达上洛（今陕西），北接汝颍（今河南），南极江、汉、荆、湘（今湖北、湖南），广袤数千里的区域，到处都有蛮族“依托险阻，部落滋蔓”着。

汉人在长江流域的发展，首先和蛮族接触。汉族统治阶级需要蛮族人民向他们出兵役力役，需要他们出租税，于是就不断地向蛮族展开惨酷的掠夺和进攻。这种侵略战进行得最惨酷最频繁的时期是刘宋时期。单以当时领兵向蛮族进攻的将军沈庆之一人来说，他前后侵伐蛮族数年，所俘获的生口就有几十万人，杀人更是无数。《宋书·夷蛮传》说："自元嘉将半，寇慝弥广，遂盘结数州，摇乱邦邑。于是命将出师，恣行诛讨。自江汉以北，庐江以南，搜山荡谷，穷兵罄武，系颈囚俘，盖以数百万计。至于孩年耋齿，执讯所遗，将卒申好杀之愤，干戈穷酸惨之用。虽云积怨，为报亦甚。"

俘虏送京师做营户充兵役。征服的地区，即设立郡县称为左郡左县，以管领蛮族人民，使其供租赋。据《宋书》所载，宋初因袭晋制，在荆州置南蛮校尉、雍州置宁蛮校尉以治理蛮民。"蛮民顺服者，一户输谷数斛。"（《宋书·夷蛮传》）孝武帝时，西阳（今湖北黄冈北）蛮"归附"，"以蛮户立宋安、光城二郡"（同上引书传）。此外，在《宋书·州郡志》中，我们看到晋末及宋时以蛮民立的郡县有武宁、宋安、安陆、建宁等数郡，蕲水、赤亭、东安、阳城等二十余县。

经过刘宋几十年的攻伐，长江沿线豫、荆、雍等州的蛮民"降服"的更多，因之，在南齐时我们便看到更多的以蛮民设立的郡县。依《南齐书·州郡志》所载，在豫州、郢州、司州、雍州宁蛮府管领下以蛮民设立的郡县有四十四郡一百三十九县。这些郡县所管的户口是没有记载的。我们如果以晋时所置的武宁郡"领县二、户九百五十八，口四千九百一十四”（《宋书·州郡志》荆州条）为标数来估计，一百三十九县当有四十来万人。齐时政府管领下的户口总数，照崔祖思对齐武帝所说的，是“今户口不能百万”（《南史·虞玩之传》）。

俚，它所居住的地区主要是湘、广两州，即今湖南、广东。宋世，汉人经营广州，与俚族渐多接触。泰始年间（公元465—471年），广州刺史羊希和龙骧将军陈伯诏都曾与俚人作战。但汉人统治阶级对俚人更多的侵伐则在梁武帝时期和梁武帝以后。原因有：（1）梁时汉人的势力，已渐由长江沿岸更向南发展，到了湘、广俚人的区域，因之与俚人发生了更多的接触；（2）自梁以来，广州的政治经济地位，渐形重要，汉人统治者为了确保通广州的内陆交通线，于是对路途上的俚族，渐多侵伐。

僚，它主要的居住区域，是长江上游的蜀，即今四川境。史称：“晋康帝建元二年（公元344年），蜀士无僚，至是始从山出，自巴至犍为、梓橦，布满山谷，大为民患。”（《华阳国志·李寿志》）自东晋到陈，南朝政府时常和僚族有战争。据《南齐书·州郡志》所载，益州有东宕渠僚郡、越嶲僚郡、沈黎僚郡、甘松僚郡、始平僚郡、齐开僚郡、齐通僚郡；大约都是以“投降”和“征服”的僚民建立的。

四、南方的门阀豪族和寺院经济

宋、齐时期，南方门阀豪族的势力，他们在政治上经济上社会上的地位，都是不仅继续维持，而且还有发展。

宋、齐的门阀豪族仍旧是大土地所有者，他们都占有很多的田园。如东晋末一门两封、田业十余处的谢混家，宋时仍然“田畴垦辟，有加于旧”（《宋书·谢弘微传》）。混妻死时，仍是“资财巨万，园宅十余所。又会稽、吴兴、琅邪诸处，太傅司空琰时事业，奴僮犹有数百人”（同上引书传）。又如沈庆之的田园，《宋书·沈庆之传》载云：“又有园舍在娄湖，沈庆之一夜携子孙徙居之，以宅还官，悉移亲戚中表于娄湖，列门同闬焉。广开田园之业，每指地示人曰：‘钱尽在此中。’身享大国，家素富厚，产业累万金，奴僮千人。”又如宋孔灵符的田园，《宋书·孔灵符传》载云：“灵符家本丰，产业甚广。又于永兴立墅，周回三十三里，水陆地二百六十五顷，含带二山。又有果园九处。”田园之外，他们还封占山泽。《宋书·蔡兴宗传》：“会稽多诸豪右，不遵王宪。又幸臣近习，参半宫省，封略山湖，妨民害治。”又《宋书·羊玄保传》：“山湖之禁，虽有旧科，民俗相因，替而不奉。熂山封水，保为家利，自顷以来，颓弛日甚，富强者兼岭而占，贫弱者薪苏无托，至渔采之地，亦又如兹。”

田园土地之外，他们也仍然占有很多的部曲、佃客和奴隶。如前面引用的材料，谢混家，在会稽、吴兴、琅邪等处有奴僮数百人，沈庆之有奴僮千人。《南齐书·东安民传》说：“宋泰始以来，内外频有战寇，将帅已下，各有部曲，屯聚京师。”《南齐书·刘善明传》：“泰始初……善明密契，收集门宗部曲得三千人，夜斩关奔北海。”《南齐书·刘怀珍传》：“怀珍北州旧姓，门附殷积，启上门生千人充卫宿。孝武大惊，召取青、冀豪门私附得数千人。”在他们占有下的户口，仍然是免除对国家的课役的。因此在宋、齐时期，劳动人民为逃避政府租役，投依门阀豪族的现象，仍然很盛。《南史·齐东昏侯纪》说：“先是，诸郡役人多依人士为附隶，谓之属名。……凡属名多不合役。”

户口分割和大土地占有构成门阀豪族的经济基础，以此为基础，门阀豪族在政治上和社会上也就取得特殊地位，成为封建贵族阶级。我们前面已经说过，从曹魏以来，选择官吏是用九品中正的制度。九品中正是以本州郡的“贤有识者”为本州郡的中正，以鉴别本州郡的人物，评定其品第的高下。贤有识者是什么人？当然只是本地的豪族。所以九品中正的制度就成为门阀豪族独占政权的工具，一般人民全被排斥。在西晋时已经是“上品无寒门，下品无势族”（《晋书·刘毅传》），发展到东晋、宋、齐时，门阀豪族更形成一个变相的世袭的贵族阶级。《南齐书·褚渊王俭传》论：“自是世禄之盛，习为旧准，羽仪所隆，人怀羡慕，君臣之节，徒致虚名，贵仕素资，皆由门庆，平流进取，坐至公卿。则知殉国之感无因，保家之念宜切。”门阀豪族中甲族的子弟起家就做秘书郎及著作郎。《南史·张缵传》：“秘书郎有四员，宋、齐以来，为甲族起家之选，待次入补其职，例数十日便迁任。”徐坚《初学记》第十二卷：“秘书郎与著作郎，自置以来多起家之选，在中朝或以才援，历江左多仕贵游，而梁世尤甚，当时谚曰：‘上车不落为著作，体中如何则秘书。’”官僚位置虽然名义不是世袭，但门阀豪族的子弟事实上都是辈辈做官。

士庶，即门阀豪族和平民，这两个阶级的对立是非常森严的。《宋书·王弘传》说：“士庶之际，实自天隔。”又说：“士庶缅绝，不相参知。”虽然这时在法律上，士庶没有不同的科条，但事实上士庶犯同样的罪，而处理常是不相同的。南齐竟陵王子良说：“若罚典惟加贱下，辟书必蠲世族，惧非先王立理之本。”（《南齐书·竟陵王子良传》）从竟陵王子良的话中，我们可以体会出士庶的待遇在法律的执行上，实际是不平等的。

因为士庶之分，是“实自天隔”的，所以士庶是不能通婚的。东海王源因嫁女富阳满氏，沈约就认为“王、满连姻，实骇物听”，囚之并奏弹王源，主张“寘以明科，黜之流伍”（《文选·沈休文奏弹王源》）。

不但不通婚，而且是不相交接的。就是对于出身庶族已经做到大官的，门阀豪族仍自矜门第，不肯与交接。文献中，有很多生动的例子可说明这种情况。《宋书·张劭传附子敷传》：“中书舍人秋当、周赳，并管要务。以敷同省名家，欲诣之。赳曰：‘彼恐不相容接，不如勿往。’当曰：‘吾等并已员外郎矣，何忧不得共坐。’敷宅设二坐，去壁三四尺。二客就席，敷呼左右曰：‘移吾远客。’赳等失色而去。”《宋书·蔡兴宗传》：“中书舍人王弘为太祖（宋文帝）所爱遇。上谓曰：‘卿欲作士人，得就王球坐，乃当判耳，殷刘并杂，无所知也。若往诣球，可称旨就席。’球举扇曰：‘若不得尔！’弘还，依事启闻。帝曰：‘我便无如此何！’”《南史·王球传》：“时中书舍人徐爰有宠于上，尝令球及殷景仁与之相知。球辞曰：‘士庶区别，国之章也。臣不敢奉诏。’上改容谢焉。”

宋初的政治是想向集权上走的，刘裕一方面实行土断，整饬政治纪律，试行打击门阀豪族政策，一方面也继续了桓玄沙汰僧尼的政策，打击佛教寺院。刘裕沙汰僧尼的诏书说："佛法讹替，沙门混杂，未足扶济鸿教，而专成逋薮。加以奸心频发，凶状屡闻，败道乱俗，人神交忿。可付所在与寺耆长精加沙汰。后有违犯，严其诛坐。"（《广弘明集》卷二四）

不过刘裕这种政策并没有严格执行下去。因为就南方说，佛教的发展究竟还没有构成对统治者太大的威胁。据文献所载，东晋时佛教寺院有1768所，僧尼有24000人。这个数目比起门阀豪族所占的人口是微乎其微的，纵然寺院里还占有一定数量的佃客和奴隶，也不会太大。同时，南方的佛教是偏向义理的发展的，因为是偏向义理的，所以其流行也偏于官僚地主士大夫阶级。这个阶级当然会有力地影响统治者对佛教寺院所采取的政策。如宋文帝对信佛教的大臣何尚之说："三世因果，未辨致怀，而复不敢立异者，正以前达及卿辈时秀，率皆敬信故也。"（《弘明集》卷一一，宋何尚之《答宋文帝赞扬佛教事》）另外，佛教对于统治者来说，还是有服务性的。何尚之对宋文帝的话，最足以说明统治者和佛教的关系，他说："慧远法师尝云：'释氏之化，无所不可。适道固自教源，济俗亦为要务……'窃谓此说，有契理奥。何者？百家之乡，十人持五戒，则十人淳谨矣；千室之邑，百人修十善，则百人和厚矣。传此风训，以遍宇内，编户千万，则仁人百万矣。……即陛下所谓坐致太平者也。”（同上引书篇）有这几方面的原因，在宋、齐时期，统治者和佛教寺院间没有构成像北方那样的政教冲突。

宋、齐两朝的皇帝很多是信佛的，王公官僚信佛的更多。依文献所载，宋、齐两朝的寺院及僧众的统计数字如下：

时代	寺院数（所）	僧尼数（人）
宋	1913	36000
齐	2015	32000

这个数字，比东晋的虽有增加，但仍不算高。寺院都是富有的，南朝商业高利贷业是发达的。富有的寺院多半参加高利放贷。《南齐书·褚澄传》：“渊薨，澄以钱万一千，就招提寺赎太祖所赐渊白貂坐褥，坏作裘及缨，又赎渊介帻犀导及渊所常乘黄牛。”又《南史·甄法崇传》：“（甄彬）尝以一束苎就长沙寺质钱。后赎苎还，于苎束中得五两金以手巾裹之。彬得，送还寺库。道人惊云：‘近有人以此金质钱，时有事不得举而失，檀越乃能见还！’辄以金半仰酬，往复十余，彬坚

然不受。”都是寺院放债的实例。

五、南方的人民生活和唐寓之起义

过江的劳动人民和南方的土著劳动人民共同把江南的土地开发起来，使南方的经济繁荣起来。但劳动的成果却被官僚豪族们独占了去，劳动人民却过着艰苦困难的生活。

南方士庶之分是极严的，我们前面已经讲过。士庶的区别就是贵族平民的区别。士是役人的，庶是役于人的。这种士庶贵族平民两阶级对立的社会，是从魏、晋成立的，是与前此的两汉不同的。这一点，公元五世纪末六世纪初《宋书》作者沈约是已经意识到了。他在《宋书·恩幸传》序中说："夫君子小人，类物之称，蹈道则为君子，违之则为小人。屠钓卑事也，版筑贱役也，太公起为周师，傅说去为殷相。非论公侯之世，鼎食之资，明扬幽仄，唯才是与。逮于二汉，兹道未革，……郡县掾史，并出豪家，负戈宿卫，皆由世族，非若晚代，分为二途者也。汉末丧乱，魏武始基军中，仓卒权立九品，盖以论人才优劣，非为世族高卑。因此相沿，遂为成法，自魏至晋，莫之能改。州都郡正，以才品人，而举世人才，升降盖寡，徒以凭借世资，用相凌驾。……刘毅所云'下品无高门，上品无贱族'者也。岁月迁讹，斯风渐笃，凡厥衣冠，莫非上品，自此以还，遂成卑庶。周、汉之道，以智役愚，台隶参差，用成等级。魏、晋以来，以贵役贱，士庶之科，较然有辨。”我引用这段话是在说明公元五六世纪的人，已经认识到魏、晋之际社会的变化：这以前是唯才是与的，这以后是士庶分隔，以贵役贱的。沈约的论点是有错误的。他误认远古，春秋战国之前，就是唯才是与的。但他看出两汉和魏、晋社会的不同，举出魏、晋的社会是贵族平民对立的社会，这是对的。

从东晋到宋、齐，一般劳动人民生活情况，我们可用公元488年，顾宪之对齐武帝的启中所谈到的山阴一县的情况，做个典型来体会认识一下。他在启里说：“山阴一县，课户二万，其人赀不满三千者，殆将居半，刻又刻之，犹且三分余一。凡有赀者，多是士人，复除。其贫极者悉皆露户。役人三五属官，盖惟分定，百端输调，又则常然。比众局检校，首尾寻续，横相质累者，亦复不少。一人被摄，十人相追；一绪裁萌，千孽互起。蚕事弛而农业废，贱取庸而贵举责，应公赡私，日不暇给。欲无为非，其可得乎！”（《南史·顾觊之附孙宪之传》）

顾宪之这个启写在唐寓之起义之后，这可以说是统治阶级在人民起义大风暴之后，惊慌之余的自我检查。这里也说出了当时一般劳动人民的负担和穷困。

东晋南朝的租税制度，大体上是延续魏、晋的制度下来的。人民的负担，主要的有田租、户调、役。此外还有市税、商税、盐税、酒税、口钱、赀赋、鱼池税、塘丁税等名堂。

东晋南朝，户籍制度是极紊乱的。过江的人口，大多侨立州郡。其中大多数做了门阀豪族的客户、依附户，对政府不出租调。另外“其无贯之人，不乐州县编户者，谓之浮浪人，乐输亦无定数，任量准所输，终优于正课焉”（《隋书·食货志》）。

户口少，政府租税集中在这少数人口身上，租调杂税就必然繁重；租税繁重，人民苦于负担，就必然逃亡，增加户口的紊乱。

东晋政权是豪族政权，对于门阀豪族侵占户口，是很少时期敢于过问的，只在桓温和刘裕主政时曾施行土断，整理一下户口。在政府实行土断时，门阀豪族进行反对，因为这样不利于他们隐藏户口；一般不附籍的过江侨户人民也反对，因为这样增加了他们的负担。

宋、齐两代的统治者对于整理户籍、土断民户，做得比较有劲。由于他们对门阀豪族挟藏的户口不敢大胆直接争夺，他们整理户口的矛头，就必然指向不附籍的侨户身上。

自晋以来，户籍有黄籍和白籍之分。《太平御览》卷六〇六引晋令："郡国诸户口，黄籍。籍皆用一尺二寸札，已在官役者载名。"齐高帝建元二年（公元480年）诏书说："黄籍民之大纪，国之治端。自顷氓俗巧伪，为日已久。至乃窃注爵位，盗易年月，增损三状，贸袭万端。或户存而文书已绝，或人在而反托死板，停私而云隶役，身强而称六疾。编户齐家，少不如此。"（《南齐书·虞玩之传》）白籍最早似见于《晋书·成帝纪》。咸康七年，即公元341年，"实编户，王公已下，皆正土断白籍。"从这些材料看，黄籍是郡县正式户籍，而白籍则似是土断的对象，即尚未正式编户的侨户。

刘宋文帝元嘉中，大约曾整理过一次户籍，后来又紊乱了。公元480年，即齐高帝建元二年，虞玩之又上表请求严格整理户籍。齐高帝采纳了他的意见。但这次整理户籍，实际上却因官吏贪污，搞得奸伪丛生，史称："上省玩之表，纳之，乃别置版籍官，置令史，限一人日得数巧以防懈怠。于是货赂因缘，籍注虽正，犹强推却，以充程限。"（同上引书传）

东晋刘宋以来，城市商业发达，农民除受政府租税、门阀豪族的田租等的剥夺外，还受商人等高利贷的盘剥。宋时沈约指出当时商品经济对农民的支配说："穰岁粜贱，粜贱则稼苦；饥年籴贵，籴贵则商倍。"（《宋书》卷五四，史臣曰）无论年成好坏，总是农民吃亏商人得利。在唐寓之起义的前夕，浙东各地农民生活的情况，有如当时竟陵王子良所说："三吴内地，国之关辅，百度所资，民庶凋流，日有困殆，蚕农罕获，饥寒尤甚。"（《南齐书·王敬则传》）人民生活困苦如此，人人皆不乐为编户，负担租课。所以齐武帝初年，连年检整户籍的结果，便激起公元485年不愿附籍的白籍人民的起义。这次起义是在富阳人唐寓之领导下起来的。《南齐书·沈文季传》说："是时连年检籍，百姓怨望。富阳人唐寓之侨居桐庐，父祖相传图墓为业。寓之自云其家墓有王气，山中得金印。转相诳惑，三年冬，寓之聚党四百人于新城，水断商旅，党与分布近县。"《南史·茹法亮传》说："（吕文度）又启上籍被却者悉充远戍，百姓嗟怨，或逃亡避咎。富阳人唐寓之因此聚党为乱，鼓行而东，乃于钱唐县僭号，以新城戍为伪宫……百官皆备。三吴却籍者奔之，众至三万，窃称吴国，伪年号兴平。"

起义军以钱塘为根据向外发展。唐寓之派兵向会稽郡山阴县进攻，不利。南齐政府派兵镇压，起义军战败，唐寓之被杀，起义失败了。

六、北魏孝文帝时的均田制和汉化政策

在南方门阀豪族侵占土地，甚至侵占山泽，使小农采苏不得的时候，北方的北魏却实行了均田制，把土地以比较平均的方式，分配给农民进行生产。这样做的结果，一方面发展了生产，一方面相当地限制了豪强的兼并。

所谓均田制，简单地说就是由政府以法令强制农民附着于土地，并且把土地分配给农民而向其征收一定数量的户调、田租的制度。

北魏均田制开始施行的年代是孝文帝太和九年，即公元485年，但孝文帝实施均田制，并不是突然出现的，在北魏初年，就曾迁徙被征服族人民到京师近郊，实施过计口受田。

均田制的出现，是由于皇帝和豪族争夺劳动力。北方也有豪族，永嘉乱时没有逃往南方而留在北方的坞、堡主就发展为汉人豪族地主。在拓跋氏入侵中原，拓跋氏的大小部落酋长和依附拓跋氏部落联盟的各族大小族长，在部落制逐渐解体过程中，和封建制度相结合，也发展为大小不等的各族的贵族地主。这些贵族一如南方的贵族，占有大量的人口，在他们占有下的户口是免除对政府的租税役调的，因之大量户口就投附在他们的庇护下，做了他们的私附。《魏书·食货志》载："魏

初不立三长，故民多荫附，荫附者，皆无官役，豪强征敛，倍于公赋。”同时这些豪族也如南方的门阀豪族一样，占有很多土地，而且在那里就继续地侵蚀小农的土地。《魏书·李孝伯传附李安世传》就说在均田制实行前，“时民困饥流散，豪右多有占夺”。李安世的上疏也说：“窃见州郡之民，或因年俭流移，弃卖田宅，漂居异乡，事涉数世。三长（《册府元龟》作子孙）既立，始反旧居，庐井荒毁，桑榆改植，事已历远，易生假冒。强宗豪族肆其侵凌，远认魏晋之家，近引亲旧之验。又年载稍久，乡老所惑，群证虽多，莫可取据，各附亲知，互有长短，两证徒县，听者犹疑，争颂迁延，连纪不判。良畴委而不开，柔桑枯而不采。侥幸之徒兴，繁多之狱作，欲令家丰岁储，人给资用，岂可得乎？愚谓今虽桑井难获，宜更均量，审其径术，令分艺有准，力业相称，细民获资生之利，豪右靡余地之盈，则无私之泽，乃播均于兆庶，如阜如山，可有积于比户矣。”

孝文太和九年（公元485年）的均田诏，也最明显地表现了均田制施行的政治意义和经济意义。它一方面是为了增加生产，一方面就是和豪强争夺人口。诏说：“朕承乾在位，十有五年。每览先王之典，经纶百氏，储畜既积，黎元永安。爰暨季叶，斯道陵替。富强者并兼山泽，贫弱者绝望一廛。致令地有遗利，民无余财。……而欲天下太平，百姓丰足，安可得哉！今遣使者循行州郡，与牧守均给天下之田，还以生死为断，劝课农桑，兴富民之本。”

要保证均田制的实行，必须政府掌握大量土地。这条件在北方是具备的。从东汉末以来，北方生产衰落，土地大量荒芜。以此为条件，曹魏实行了屯田制；也是以此为条件，西晋实行了占田、课田制。五胡统治的一百多年中，北方是长期地在混乱和战争中，人口减少，土地荒芜和生产衰落的现象是显著的。北魏统一北方后，地旷人稀的现象，基本上仍然存在，因之政府掌握着大量的土地。

北魏初年，有过实施计口授田的经验；豪族占有人口和土地兼并，使政府必须采取对策；同时，政府掌握着大量的土地：合此三种条件，孝文帝时才得以实行均田制。

均田制的主要内容，可以归纳为如下几点：

第一，男子年十五以上授露田四十亩，女子二十亩。所授之田率倍之，三易之田再倍之。露田之外，男夫一人给桑田二十亩。露田要还。诸民年及课则授田，老免（北魏丁制，六十为老，免课）。及身殁则还田。桑田为永业，不还。

第二，奴婢依良授田，丁牛一头授田三十亩，限四牛，但负担则比受田小农户轻得多。奴任耕、婢任续者，八口当未婚者四（年十五以上未娶者四人出一夫一妇之调）。这对于有牛有奴婢的豪族是有利的。

第三，桑田的授给，恒从见口，有盈者无受无还，不足者受种如法。盈者得卖其盈，不足者得买所不足，不得卖其分，亦不得买过所足。

第四，诸地狭之处有进丁受田而不乐迁者，则以其家桑田为正田分，又不足不给倍田，又不足家内人别减分。乐迁者听逐空荒，不限异州他郡，唯不听避劳就逸。其地足之处，不得无故而移。

第五，诸还授民田，恒以正月；若始受田而身亡，及卖买奴婢、牛者，皆至明年正月乃得还受。（上述均田法见《魏书·食货志》）

均田制实行的次年，又行三长制。五家立一邻长，五邻立一里长，五里立一党长。邻、里、党是谓“三长”。立三长是为了更严密地管制人民，一方面和豪族争夺人口，一方面限制人民的逃亡。三长制和均田制是相辅而行的。

均田制、三长制的实施，对于发挥农业生产劳动者的劳动力，恢复社会生产，是起了一定积极作用的，对于劳动人民来说也是有利的。由于均田制的实行，农民的负担减轻了。在均田制、三长制实施之前，赋役负担是不均的，孝文帝在实行均田制、三长制时的一个诏书里说："自昔以来，诸州户口籍贯不实，包藏隐漏，废公因私，富强者并兼有余，贫弱者糊口不足。赋税齐等无轻重之殊，力役同科无众寡之别。"因之大量的农民宁愿逃到豪族的庇护下去做豪族的依附户。由于逃亡荫附户多，负担租役的人口越少，而负担也就越重。均田以前，"天下户以九品混通，户调帛二匹、絮二斤、丝一斤、粟二十石"（《魏书·食货志》）。另外还要出帛一匹二丈处之州库，以供调外之费。均田制实行后，改为一夫一妇帛一匹，粟二石，人民负担减轻了很多。《魏书·食货志》说："初百姓咸以为不若循常，豪富并兼者尤弗愿也。事施行后，计省昔十有余倍，于是海内安之。"

在某种意义上，均田制可以看作是魏、晋屯田、占田、课田制的继续，魏、晋的屯田、占田、课田就是由政府把土地分给农民使农民去耕种，又要他们向政府出一定数额的租税。均田制就是继承屯田、占田、课田的精神而又加以发展。用三长制强制农民在公家分给的土地上劳动，使他们不能逃亡，这是屯田的精神；不取集团形式而采取家族为单位，这是占田、课田制的精神。前一形式，加强了劳动力（农民）和生产手段（土地）的结合，后一形式刺激劳动人民生产情绪的提高。

北魏孝文帝在位期间，做了两件大事情，使他在历史上出名。一是均田制度，二就是领导鲜卑族汉化。他的汉化措施，有下述几方面：

（1）由平城迁都洛阳。平城在今山西大同县境，由于北魏在中原疆土的开扩和受统治的汉人的增加，并且为了向长江以南进攻，平城已不合乎做都城的条件。孝文帝以前已有过迁都的讨论，但没有决定。到了孝文帝太和十八年（公元494年），又为了使鲜卑贵族和汉族贵族更好地结合在一起，以巩固北魏的统治，遂决然迁都洛阳，并且下诏说："迁洛之民，死葬河南，不得北还。于是代人南迁者悉为洛阳人。"（《魏书·高祖纪》）这样一来，鲜卑人就成为洛阳人了。迁都是不容易的，鲜卑人因为生活习惯和气候的不惯，强烈地反对迁都洛阳。孝文帝对他们说："朕为天子，何假居中原。欲令卿等子孙，博见多知，若永居恒北，遇不好文主，卿等子孙不免面墙也。"（《北史·广陵王羽传》）

（2）禁断鲜卑风俗、服制和语言。公元483年，下诏禁止同姓内婚。公元494年，迁洛阳后，诏禁士民胡服。公元495年又诏断胡语。"三十已上，习性已久，容或不可卒革；三十已下见在朝廷之人，语音不听仍旧，若有故为，当降爵黜官。"（《北史·咸阳王禧传》）

（3）改鲜卑姓为汉姓，并与汉人通婚。公元496年孝文帝下诏，自以为黄帝之后。他说："北人谓土为拓，后为跋，魏之先出于黄帝，以土德王，故为拓跋氏。"因而谓"土者黄色之中、万物之元也"，遂自改姓元氏。拓跋氏的诸贵族也一律改为汉姓。"改拔拔氏为长孙氏，达奚氏为奚氏，乙旃氏为叔孙氏，丘穆陵氏为穆氏，步六孤氏为陆氏。……其余所改不可胜纪。"（《资治通鉴》卷一四〇）同时并鼓励鲜卑贵族与汉人门阀豪族通婚，孝文帝自己就娶范阳卢敏、清河崔宗伯、荥阳郑羲、太原王琼四家女，以充后宫，以陇西李冲女为夫人，并为诸皇弟娶诸大门女为室。

在中国历史上，魏孝文帝是起了一定的积极作用的人物。他的均田制，对于人民来说是有利的。户调中的调，比均田以前减轻一半，租税轻了十倍。他的汉化政策，就鲜卑族说，推动鲜卑族的文化向前发展了一大步。就中华民族说，他的汉化政策，使中华民族的骨干——汉族融合吸收了更多的民族文化、血液，从而更加丰富了汉族的内容，使汉族文化也向前发展了。

七、北方的门阀豪族和寺院经济

北方的门阀豪族到孝文帝时，更发展起来。孝文帝的重视门族和他的汉化政策的实施对门阀豪族的发展更给了一些推动作用。《资治通鉴》载：“魏主雅重门族，以范阳卢敏、清河崔宗伯、荥阳郑羲、太原王琼四姓，衣冠所推，咸纳其女，以充后宫。陇西李冲以才识见任，当朝贵重，所结姻娅，莫非清望，帝亦以其女为夫人。”又称：“时赵郡诸李，人物尤多，各盛家风，故世之言高华，以五姓为首。”（《资治通鉴》卷一四〇）

曹魏创制的九品中正制，在“五胡乱华”时期，在北方有些胡族王国里，还继续被采用，用以选拔各地方的汉人士大夫和他们合作。拓跋氏统治中原后，大约并没有废除这种制度，而是仍然把它继承下来了。至少在文献中我们看见，在拓跋焘时期已经有了中正。《魏书·穆亮传》：“高祖曰：‘中正之任，必须德望兼资者。世祖时，崔浩为冀州中正，长孙嵩为司州中正，可谓得人。’”

孝文帝太和年间，极注意中正人选，太和以后，地方诣州郡已普遍设有中正。《文献通考》卷三十六：“自太和以前，精选中正。……其边州小郡，人物单鲜者，则并附他州；其在遐陋者，则缺而不置。当时称为简当，颇为得人。及宣武、孝明之时，州无大小，必置中正，既不可悉得其人，故或有庸鄙者操铨核之权，而选叙颓紊。至正始元年冬，乃诏罢诸郡中正。”九品中正制的被重视，当然会更助长门阀豪族的发展。

孝文帝汉化，改胡姓为汉姓的同时，还确定了胡族各族的等级和地位。太和十九年（公元495年）诏曰："代人诸胄，先无姓族，虽功贤之胤，混然未分。故官达者位极公卿，其功衰之亲仍居猥任。比欲制定姓族，事多未就。且宜甄擢，随时渐铨，其穆、陆、贺、刘、楼、于、嵇、尉八姓，皆太祖已降勋著当世，位尽王公，灼然可知者，且下司州吏部，勿充猥官，一同四姓。自此以外，应班士流者，寻续别敕。原出朔土，旧为部落大人，而自皇始已来，有三世官在给事已上及州刺史、镇大将及品登王公者为姓；若本非大人，而皇始已来，职官三世尚书以上及品登王公而中间不降官绪亦为姓；诸部落大人之后，而皇始以来官不及前列，而有三世为中散监已上，外为太守、子都，品登子男者为族；若本非大人，而皇始已来三世有令已上，外为副将、子都、太守，品登侯已上者，亦为族。凡此姓族之支亲，与其身有缌麻服已内，微有一二世官者，虽不全充美例，亦入姓族；五世以外，则各自计之，不蒙宗人之荫也。虽缌麻而三世官不至姓班，有族官则入族官，无族官则不入姓族之例也。"（《魏书·官氏志》）

因此北魏的门阀豪族，有郡姓和虏姓的区别。郡姓是汉人门阀豪族，虏姓是拓跋氏及各胡族的门阀豪族。《新唐书·柳冲传》云："山东则为郡姓，崔、卢、李、郑为大；关中亦号郡姓，韦、裴、柳、薛、杨、杜首之；代北则为虏姓，元、长孙、宇文、于、陆、源、窦首之。”

郡姓依门第之高下，分为膏粱、华腴及甲、乙、丙、丁四姓，《新唐书·柳冲传》：“郡姓者以中国士人差第阀阅为之制：凡三世有三公者曰膏粱，有令仆者曰华腴，尚书领护而上者为甲姓，九卿若方伯者为乙姓，散骑常侍大中大夫者为丙姓，吏部正员郎为丁姓，凡得入者谓之四姓。”

士庶是不能通婚的，这在北方且见之法令。北魏文成帝和平四年（公元463年）诏曰：“夫婚姻者，人道之始……尊卑高下，宜令区别。然中代以来，贵族之门多不率法，或贪利财贿，或因缘私好，在于苟合，无所选择，令贵贱不分，巨细同贯，尘污清化，亏损人伦，将何以宣示典谟，垂之来裔！今制王公师傅侯伯及士民之家，不得与百工技巧卑姓为婚。犯者加罪。”（《魏书·高宗纪》）孝文帝太和二年（公元478年）诏曰：“皇族贵盛及士民之家，不惟氏族高下，与非类为婚。先帝亲发明诏，为之科禁。而百姓习常，仍不肃改。朕今宪章旧典，只按先制，著之律令以为定准，犯者以违制论。”（《魏书·高祖纪》）

北方佛教寺院的发展，在拓跋焘时遭了一次厄运，但拓跋焘灭佛后六年（公元446年），被侍臣宗爱杀死，他的孙子文成帝即位，就又恢复了佛教，并下制“诸州郡县于众居之所，各听建佛图一区，任其财用，不制会限。其好乐道法，欲为沙门，不问长幼，出于良家、性行素笃、无诸嫌秽、乡里所明者，听其出家。率大州五十，小州四十人，其郡遥远台者十人。各当局分，皆足以化恶就善，播扬道教也”（《魏书·释老志》）。于是“天下承风，朝不及夕，往时所毁图寺仍还修矣”（同上引书志）。

拓跋珪时曾以赵郡沙门法果为道人统，绾摄僧徒。（《魏书·释老志》）文成帝恢复佛教，以沙门师贤为道人统。后改道人统为沙门统，以昙曜任之，奉以师礼。僧尼、大众不但有免除租税役调的特权，而且不受国家法律的裁制，僧众犯法，概以寺院内律治之。在这个时期，北魏设有监福曹，后来改名昭玄，备有官属，管理寺院事务。（《魏书·释老志》）昭玄大约就在沙门统的领导下工作。另外，在地方上各州郡都置有沙门纱、维那、都维那，管理境内僧务。

举世闻名的大同云冈石佛，就是从这时开始凿造的。《魏书·释老志》载：“昙曜白帝于京城西武州塞凿山石壁，开窟五所，镌建佛像各一，高者七十尺，次六十尺，雕饰奇伟，冠于一世。”

文成帝的儿子献文帝，对于佛教敬信尤深。公元467年献文帝起永宁寺，“构七级佛图，高三百余尺，基架博敞为天下第一。又于天宫寺造释迦立像，高四十三尺，用赤金十万斤，黄金六百斤”（同上引书志）。其后“又构三级石佛图，榱栋楣楹上下重结，大小皆石。高十丈。镇固巧密，为京华壮观”（同上引书志）。

据《魏书·释老志》记载，自公元452年文成帝复兴佛法，到公元477年孝文帝太和元年，北魏佛教寺院组织：“京城内寺，新旧且百所，僧尼二千余人；四方诸寺六千四百七十八，僧尼七万七千二百五十八人。”

寺院不仅有华丽雄伟的寺庙、众多的僧尼，同时和门阀豪族一样，也还保有很多的土地田庄、奴隶和农奴性的为寺院领有的农业劳动人民。

皇帝、官僚贵族以及一般人民，在修建佛寺的时候，为了维持住庙僧尼的生活，常常是要随着施舍一些土地和钱财的。如孝文帝为释道臻建大中兴寺，就把附近“内外稻田百顷并给之”（《释氏通鉴》卷五）。

这一时代，寺院占有很多的劳动人口。除去僧侣贵族，一般僧众就是寺院的劳动人民。僧尼大众在寺庙里是参加生产劳动和寺庙的杂役的。另外，寺院还占有很多的僧祇户和寺户。僧祇户是寺院的农奴，寺户是寺院的奴隶。僧祇户、寺户的创置在文成帝时昙曜做沙门统的时候。《魏书·释老志》

称：“昙曜奏平齐户及诸民有能岁输谷六十斛入僧曹者即为僧祇户，粟为僧祇粟，至于俭岁赈给饥民；又请民犯重罪及官奴以为佛图户，以供诸寺扫洒，兼营田输粟。高宗并许之。于是僧祇户粟及寺户编于州镇矣。”

法令上规定僧祇户是属于僧曹，不得别属一寺，实际上是可以属于个别的寺院的；法令上规定僧祇户所纳的僧祇粟的用途是“至于俭岁，赈给饥民”，实际上却变成寺院高利贷的资本。公元511年北魏宣武帝的一个诏书说：“僧祇之粟，本期济施，俭年出贷，丰则收入，山林僧尼随以给施，民有窘敝，亦即赈之。但主司冒利，规取赢息，及其征责，不计水旱。或偿利过本，或翻改券契，侵蠹贫下，莫知纪极，细民嗟毒，岁月滋深。非所以矜此穷乏，宗（崇）尚慈拯之本意也。”（《魏书·释老志》）这说明救济变成了高利盘剥。

在寺院的剥削下，僧祇户过着非人的生活。《魏书·释老志》载：“尚书令高肇言：谨按故沙门统昙曜昔于承明元年奏凉州军户赵苟子等二百家为僧祇户，立课积粟，拟济饥年，不限道俗，皆以拯施。又依内律，僧祇户不得别属一寺。而都维那僧暹、僧频等，进违成旨，退乖内法，肆意任情，奏求逼召。致使吁嗟之怨，盈于行道，弃子伤生自缢溺死五十余人。岂是仰赞圣明慈育之意，深失陛下归依之心！遂令此等行号巷哭，叫诉无所；至乃白羽贯耳，列讼宫阙。悠悠之人尚为哀痛，况慈悲之士而可安之？请听苟子等还乡课输，俭乏之年周给贫寡，若有不虞，以拟边捍。”

就宗教的意义讲，佛教是超脱现实的，而且是主张平等的，所谓“佛法平等”。因为现实社会一切皆是空的，当然也就无所谓等级问题。原始佛教寺院，一如原始基督教会，内部是过着原始共产生活。尤其佛教，依原始教规，僧众是不许保有财产的。“僧”的意思就是行乞，就是说僧众的生活依靠别人的供养。

正如佛教的超脱现实生活、主张禁欲的生活是和宇宙万物的自然发展规律相矛盾的，它的僧院修炼行乞生活也是和社会生活的规律相矛盾的。佛教一方面要修炼，不劳动，另一方面又不能不吃东西以维持生存，这就矛盾。佛教的行乞生活，是把自己的生活依靠在别人的劳动上，其中就包含了这个不能解决的矛盾。由于自己的生活是通过行乞依靠别人的供养的，从最早开始，就包含着对剥削制度的承认，至少是很易于发展成对社会剥削制度的承认。

而且寺院不是孤立在社会之外，僧侣也不是孤立在人群之外的。除去死亡，没有一个人可以脱离社会，孤立地生活在社会之外。随着佛教寺院的发展，俗世的社会制度就必然会影响寺院组织，寺院组织必然会依照它所处在的社会的财产制度、阶级制度来塑造它自己的财产制度和阶级制度。印度佛教寺院的历史发展是如此，佛教输入中国后，魏晋南北朝佛教寺院经济的发展也证明是如此。

我们所讲的这一时期——北魏中叶的佛教寺院已是一个和当时存在的门阀豪族一样性质的封建经济组织。这时期的寺院保有很多的土地和其他的财产，保有很多劳动力。寺院的僧侣已不是一个统一的平等的集体，而是有着阶级分裂，有僧侣贵族和僧侣大众的阶级对立体。僧侣个人允许保有财产。同时寺院财产虽然名义上是为寺院所有，实际上也在贵族僧侣管理支配下，变成他们的所有财产。

这是寺院的本质问题，这时期的佛教寺院，一方面是一种宗教组织，但另外一方面，我们也不能不更加注意，它是一种封建经济组织。

因为佛教寺院已是一种封建经济组织，构成封建社会的一环，所以寺院内部的阶级斗争，也就不能不是和寺院外部的社会阶级斗争联系在一起的。

在这一时期，北方发生了几次沙门领导的人民暴动。公元473年有沙门慧隐所领导的暴动。公元481年有沙门法秀所领导的暴动。公元490年有沙门司马惠御所领导的暴动。这三次暴动都是在孝文帝时期（参看《魏书·孝文帝纪》）。在孝文帝的儿子宣武帝时期，又有四次沙门大众的暴动。公元509年，泾州沙门刘惠汪聚众暴动。公元510年有秦州沙门刘光秀领导的暴动。公元514年有幽州沙门刘僧绍领导的暴动，他自称净居国明法王。（参看《魏书·宣武帝纪》）公元515年，又发生了冀州沙门法庆领导的大乘教暴动。聚众杀阜城令，攻破渤海郡。（《魏书·元遥传》）

因此，在前代南北两方都发生过的国家和寺院间的矛盾，如寺院因僧众冒滥，不能为统治者服务教导居民的矛盾，僧尼众多影响政府租调徭役收入的矛盾等，也都跟着发生。但一般地说，国家、寺院间虽有其矛盾面，也还是有其调协面的，国家政府还在利用佛教教义作为麻醉人民的有力的武器。佛教有一套因果轮回之说，以此向人民宣传，很能麻醉人民，使人相信现社会的构成关系——穷与富、主人与奴隶、封主与农奴的关系都是合理的，是因果报应，是前世修福或作恶的结果。这样，就使得人民轻视现社会的剥削压迫关系，而只追求来世，驯服地受统治者的统治。这一时期，国家和寺院的矛盾还没有发展到压倒国家和寺院间的调协面的程度。于是这一时期的统治者，对佛教寺院不是采取灭佛的办法，而是采取限制的办法；一方面仍然保护佛教，一方面限制佛教寺院的不利于统治者的发展。

这一时期，统治者所采取的限制佛教寺院坏的方面的发展的办法，主要的有下述几种：

第一，是检括僧尼，强使因逃税入教而实无道行的僧众还俗。如《魏书·释老志》载：“（太和）十年冬，有司又奏：前被敕以勒籍之初，愚民侥幸，假称入道，以避输课，其无籍僧尼罢遣还俗。重被旨：所检僧尼寺主、维那，当寺隐审；其有道行精勤者，听仍在道；为行凡粗者，有籍无籍悉罢归齐民。今依旨简遣，其诸州还俗者，僧尼合一千三百二十七人。奏可。”

第二，是限制僧人私自游涉民间。公元472年，孝文帝诏：“比丘不在寺舍，游涉村落，交通奸滑，经历年岁。令民间五五相保，不得容止。无籍之僧，精加隐括，有者送付州镇，其在畿郡，送付本曹。若为三宝巡民教化者，在外赍州镇维那文移，在台者赍都维那等印牒，然后听行。违者加罪。”（《魏书·释老志》）公元509年（宣武帝永平二年），沙门统惠深上言：“或有不安寺舍，游止民间，乱道生过，皆由此等。若有犯者，脱服还民。”（同上引书志）宣武帝诏从之。

第三，是加强对僧尼生活和活动的管理。前面讲过，僧尼不受政府法律制裁，僧尼犯法，是由管理僧众的昭玄以内律治罪。所谓内律，最严不过摈出教外。公元508年，宣武帝下诏改为杀人罪以上恢俗律断，其他轻罪才由昭玄以内律处理。诏说："缁素既殊，法律亦异。故道教彰于互显，禁劝各有所宜。自今以后，众僧犯杀人已上罪者，仍依俗断，余犯悉付昭玄，以内律僧制之。"（同上引书志）

次年，沙门统惠深的上言中又提出："僧尼浩旷，清浊混流，不遵禁典，精粗莫别，辄与经律法师群议立制：诸州镇郡维那、上坐、寺主，各令戒律自修，咸依内禁，若不解律者，退其本次。又出家之人，不应犯法积八不净物。然经律所制，通塞有方。依律：车牛淫人不净之物，不得为己私畜，唯有老病年六十以上者限听一乘。又比来僧尼或因三宝，出贷私财缘州外。又出家舍著，本无凶仪，不应废道从俗。其父母三师，远闻凶问，听哭三日；若在见前，限以七日。"（《魏书·释老志》）诏从之。

寺院放高利贷，是一个大问题。由前面所讲，我们知道本来是为了赈济饥年的僧祇粟也变成了高利贷的本钱。公元511年，宣武帝曾下诏："自今以后，（僧祇粟）不得传（疑"专"字之误）委维那、都尉，可令刺史共加监括。尚书检诸有僧祇谷之处，州别列其元数，出入赢息，赈给多少，并贷偿岁月。见在未收，上台录记。若收利过本及翻改初券，依律免之，勿复征责。或有私债转施偿僧，即以丐民，不听收检。后有出贷，先尽贫穷，征债之科，一准旧格。富有之家，不听辄贷。脱仍冒滥，依法治罪。”（同上引书志）

第四，是对于修建寺庙也加以限制。公元472年，孝文帝诏：“内外之人，兴建福业，造立图寺，高敞显博，亦足以辉隆至教矣。然无知之徒各相高尚，贫富相竞，费竭财产，务存高广，伤杀昆虫含生之类。苟能精致，累土聚沙，福钟不朽。欲建为福之因，未知伤生之业。朕为民父母，慈养是务。自今一切断之。”（《魏书·释老志》）上面一再引过的沙门统惠深的上言中，也提出：“其有造寺者，限僧五十以上启闻听造，若有辄营置者，处以违敕之罪，其寺僧众，摈出外州。”（同上引书志）诏从之。

第五，是限制人民私自出家。在中国僧俗文献中，我们都没有看见在公元492年以前对于度僧有何严格限制。大约这以前对于度僧是没有限制的，度僧权操在寺院手里，要出家的到寺庙里去就可以请求出家。公元492年，孝文帝下诏：“四月八日，七月十五日，听大州度一百人为僧尼，中州五十人，下州二十人，以为常准，著于令。”（《魏书·释老志》）这是对度僧权加以管制的开始。

从这些限制规定中，我们看到，虽然到这时期，国家与佛教寺院的关系，在基本上还是协调的，但矛盾已在升长了。

第二节　南朝的粗安和北朝的分裂

一、逸安的梁武帝时代

梁朝第一个皇帝是梁武帝萧衍。他是齐的宗室，齐时任雍州刺史。他利用齐废帝东昏侯宝卷的荒淫和政治上的混乱，以雍州兵沿长江东下，废了东昏侯自立为皇帝。

宋、齐两代的皇帝，一般地说是短祚的。宋是五十九年，有八个皇帝。齐只二十三年，却也经了七个皇帝。而且这些皇帝中，除少数几个人，如宋武帝、宋文帝、齐高帝等外，差不多都是荒淫的。（参看赵翼《廿二史札记》卷一一）

这种荒淫短祚的形势，到梁武帝时才有了改变。梁朝年代也是不长的，仅有五十五年。但在这五十五年中，梁武帝一人就占了四十八年。同时这个四十八年，也是比较粗安的时代。梁武帝和北魏也有过一些战争，但一般地说这些战争都是局部的，规模也是比较小的。原因是这时的北魏也逐渐衰落下来，励精图治的北魏孝文帝已死，汉化的洛阳拓跋氏贵族阶级生活腐化，已没有力量向南进攻。南北战争的小和少，帮助了梁武帝，使他的时代成为南方一个粗安的时代。在这个长期粗安中，南朝的社会经济文化也就发展到顶点。自然在这个盛世中，也就包含了腐和朽了。

梁武帝初年，他是励精图治的，《梁书·武帝纪》称他："勤于政务，孜孜无息。"在他做皇帝之前，他即注意人材的选举，以收揽门阀贵族阶级有才能的人的拥护。他曾向当时的齐帝上表指出："前代选官，皆立选簿，应在贯鱼，自有铨次。"但是"顷代陵夷，九流乖失"。因而他提出主张说："自今选曹，宜精隐括，依旧立簿，使冠履无爽，名实不违，庶人识崖涘，造请自息。"但是在贵族内部，他仍是注意人的才能的。他接着说："且闻中间立格，甲族以二十登仕，后门以过立试吏，求之愚怀，抑有未达。何者？设官分职，惟才是务。若八元立年居皂隶而见抑，四凶弱冠处鼎族而宜甄，是则世禄之家，无意为善，布衣之士，肆心为恶。岂所以弘奖风流，希向后进。此实巨蠹，尤宜刊革。"做皇帝后，他曾实行土断，立肺石函。有"大政侵小，豪门凌贱"可投肺石函自申。又曾下诏禁豪族封固山泽，诏说："薮泽山林，毓材是出，斧斤之用，比屋所资，而顷世相承，并加封固，岂所谓与民同利，惠兹黔首？凡公家诸屯戍见封熂者，可悉开常禁。"（以上引文俱见《梁书·武帝纪》）

武帝初年虽曾励精图治，整理统治阶级内部秩序，但他的政权在南朝四朝政权中却是最能和门阀豪族结合一起的。在武帝中期以后，这情况就逐渐表现得清楚。他曾下诏：“顷因多难，治纲弛落，官非积及，荣由幸至。六军尸四品之职，青紫治白薄之劳。……遂冠履倒错，珪甑莫辨。静言疚怀，思返流弊。”（《梁书·武帝纪》）又史称：“上敦睦九族，优借朝士，有犯罪者皆屈法申之。百姓有罪，则案之如法。其缘坐则老幼不免。一人逃亡，举家质作。民既穷窘，奸宄益深。尝因郊祀，有秣陵老人遮车驾言曰：‘陛下为法，急于庶民，缓于权贵，非长久之道。’”（《资治通鉴》卷一四七）

武帝时期，学术文化也是盛的。《南史·梁本纪》称：“武帝据图箓，多历年岁。制造礼乐，敦崇儒雅。自江左以来，年逾二百，文物之盛，独美于兹。”

南北朝是儒家的衰落期。儒家的衰落，并不始于南北朝，东汉末期已见端倪。《梁书·儒林传》叙述自汉以来以至梁朝儒学的盛衰说：“汉氏承秦燔书、大弘儒训，太学生徒，动以万数，郡国黉舍，悉皆充满，学于山泽者，至或就为列肆，其盛也如是。汉末丧乱，其道遂衰。魏正始以后，仍尚玄虚之学，为儒者盖寡。时荀顗、挚虞之徒，虽删定新礼，改官职，未能易俗移风。自是中原横溃，衣冠殄尽。江左草创，日不暇给。以迄于宋、齐，国学时或开置，而劝课未传。建之不及十年，盖取文具；废之多历世祀，其弃也忽诸。乡里莫或开馆，公卿罕通经术。朝廷大儒，独学而弗肯养众；后生孤陋，拥经而无所讲习。三德六艺，其废久矣。”

至梁武帝时，儒家经学才有了一点转机。武帝曾诏求硕学治五礼。公元505年（天监四年），又诏置五经博士，各一人。并广开馆宇，招纳后进。博士各主一馆，馆有数百生徒。并分遣博士、祭酒，到州郡立学。（同上引书传）

南北朝时期，南方道教出了一位大师陶弘景，他的活动时期主要是在梁武帝时代。

陶弘景的道教，是继承葛洪的，《梁书》本传说他：“年十岁，得葛洪《神仙传》，昼夜研寻，便有养生之志。”

陶弘景和葛洪一样是炼丹的，他说：“神丹可成，服之则能长生，与天地永毕。”（《隋书·经籍志》）梁武帝曾请他合神丹，他没有合出来，他把原因归之于“中原隔绝，药物不精故也”（同上引书志）。

陶弘景的道教是地主阶级的道教，宋末齐初，他曾做过官。齐武帝永明十年（公元492年）辞官，归隐于句容之句曲山（茅山）。及发，举朝公卿送行，车马填咽。他在山中，仍是过着贵族生活。“筑三层楼，弘景处其上，弟子居其中，宾客至下。唯一家僮得侍其旁。”（《梁书·陶弘景传》）这位道士是山居仍不忘世事的。梁武帝篡位的时候，陶弘景曾“援引图谶，数处皆成‘梁’字，令弟子进之”（同上引书传）。梁武帝对这样一位能帮他忙的山中道士，当然是不能慢待的，遇重大问题，常常咨询他的意见，号为“山中宰相”。

梁武帝时期，也是南朝佛教最盛的时期。梁武帝本人就是最信佛的，他曾三次舍身为寺奴，群臣聚钱把他赎回来。他曾于公元504年发敕宣布：“道有九十六种，唯佛一道是正道，其余九十五种皆是外道。朕舍外道以事如来。”（《全梁文》卷四）

梁时的佛寺僧尼数目都有很大的增加。据文献所载，梁时的寺院有2846所，僧尼有82700人。但这个统计是有问题的，梁时的僧尼人数绝不止此数。梁武帝时反佛最力的郭祖深上疏谏止武帝信佛，他的上疏中谈到当时南方佛教的盛况说：“都下佛寺五百余所，穷极富丽，僧尼十余万，资产丰沃；所在郡县，不可胜言。道人又有白徒，尼则皆畜养女，皆不贯人籍。天下户口，几亡其半。而僧尼多非法，养女皆服罗纨。其蠹俗伤法，抑由于此。请精加检括，若无道行，四十已下，皆使还俗附农。罢白徒养女，听蓄奴婢，婢惟着青布衣，僧尼皆令疏食。如此则法兴俗盛，国富人殷。不然，恐方来处处成寺，家

家剃落，尺土一人，非复国有。”（《南史·郭祖深传》）

但是，如前面所说，梁武帝时代一方面是南朝经济文物鼎盛的时代，另一方面在鼎盛中已经包括着腐和朽了。这正像熟透了的苹果，过了午的太阳，内中已经包括相反的因素了。

二、魏末人民起义和北方政权的分裂

西晋末，五胡起事，在战争中北方社会经济遭到极大破坏。拓跋氏初入中国的时候，破坏性也是极强的。但在拓跋氏统一北方后，在北方统一的局面下，社会经济终于开始走向恢复的路子。孝文帝二十九年的统治，实行均田、整理户口、减轻人民负担、奖励人民生产，更加促进了社会经济的恢复，北方经济又繁荣起来。

随着农业生产的恢复和发展，城市工商业也重新抬头。五胡乱后，北方城市破坏，商品货币经济衰歇，钱货不行，交换完全以布帛谷物为交换手段。孝文帝太和十九年（公元495年）始铸太和五铢钱，宣武帝永平三年（公元510年）又铸五铢钱。钱币又逐渐通行起来。钱货使用，是交换发展的结果，但钱货使用后，又回头来促进了商业交换的发展。以政府财政所受商业和交换经济发展的影响来说，在宣武帝时“承升平之业，四疆清晏，远迩来同。于是蕃贡继路，商贾交入，诸所献贸，倍多于常”（《魏书·邢峦传》）。到孝明帝时“魏累世强盛，东夷西域，贡献不绝。又立互市以致南货。至是府库盈溢”。（《资治通鉴》卷一四九）政府府库这样的丰实，完全是以孝文帝均田后农业生产的恢复发达和商业的抬头为基础的。

北魏晚期，商业交换的发展，构成了一种社会力量，使得鲜卑贵族生活腐化，政治腐败，皇朝瓦解。

在孝文帝领导下南迁的鲜卑贵族，很快地汉化了，但也很快地就腐化了。鲜卑贵族自己是不劳动的，他们的生活依靠汉族劳动人民缴纳的租税。由游牧生活，一旦堕入锦衣玉食安逸享乐的生活中，很快就沉醉而腐化起来。宣武帝本人就是“好游骋苑囿”“嬉戏无度”“不亲视朝”的。王公贵族的生活更是腐化不堪。如“高阳王雍，富贵冠一国，宫室园圃，侔于禁苑。僮仆六千，伎女五百。出则仪卫塞道路，归则歌吹连日夜。一食值钱数万”。“河间王琛，每欲与雍争富，骏马十余匹，皆以银为槽，窗户之上，玉凤衔铃，金龙吐旆。尝会诸王宴饮，酒器有水精钟、玛瑙碗、赤玉卮，制作精巧，皆中国所无。……府库金钱缯布，不可胜计。”他尝说：“不恨我不见石崇，恨石崇不见我。”（《资治通鉴》卷一四九）。

官僚贵族们财富的积蓄，是从哪里来的呢？不消说是由剥削人民，贪污搜括来的。史家记孝明帝时的吏治是：“在下牧守，所在贪惏。”（《魏书·宣武灵皇后传》）如河间王琛，在宣武帝及孝明帝时做定州刺史，史书称他：“在州贪惏。及还朝，灵太后诏曰：‘琛在定州，惟不将中山宫来，自余无所不致。’”（《北史·河间王若传》）

北魏初年一方面以大部分的力量向南发展，侵略中原，一方面也留了一部分力量在北方边境设立了“六镇”，以防御在它的北方的其他部族如柔然等的入侵。

所谓六镇是：（1）沃野镇（今内蒙古包头县西南），（2）怀朔镇（今内蒙古包头县西北），（3）武州镇（今内蒙古武川县），（4）抚冥镇（镇城不详），（5）柔玄镇（今河北张北县），（6）怀荒镇（今河北沽源县）。

拓跋氏原为游牧部族，以征战为事。为了防御北方的柔然等而设立六镇，派在镇里做镇将镇兵的都是鲜卑部落中的贵族和部落成员，另外也有一些依附拓跋鲜卑的部落。这些人就这样留在北方。他们和南去的族人，在初只是工作中的分工：一向南侵，一留守北边。等到后来，南下的一部分，由于对汉人的征服，他们的社会阶段向前发展了，进入封建社会，他们都成了贵族阶级。而留在北方的一支，仍然是在那里做兵；由于没有接触汉文化，也就停留在极粗野的文化状态中。

这一时期，是拓跋鲜卑急剧发展变化的时期。在这段历史发展过程中，留在北方六镇的人民，也起了变化。在中国中世纪，封建贵族是不当兵的，当兵的是依附农民。因此六镇的人民，从表面上看，前后都是当兵，好像没有什么不同，实际上却变化很大。在初期他们做兵，是以部落成员的身份来当的，是义务，是光荣；等南下的鲜卑拓跋族进入封建社会，发展成为封建贵族时，他们还是当兵，但是他们的地位已等于农奴。同时，南下的鲜卑拓跋族受了汉人制度的影响，又常常以犯罪的人配北边做兵，罪犯配兵和原来六镇兵的混合，更降落六镇人民的身份。北魏末年时人魏兰根的一段话是极好的说明。他说："缘边诸镇，控摄长远。昔时初置，地广人稀。或征发中原强宗子弟，或国之肺腑，寄以爪牙。中年以来，有司乖实，号曰府户，役同厮养。官婚班齿，致失清流。而本宗旧类，各各荣显。顾瞻彼此，理当愤怨。"因此他建议："宜改镇立州，分置郡县。凡是府户，悉免为民，入仕次叙，一准其旧。"（《北齐书·魏兰根传》）

对于改善六镇人民的生活和地位的建议，当时腐败的北魏政府是不注意的。六镇人民就以暴动来表示他们的反抗了。魏末的六镇起义就这样起来了。

首先发动起义的是六镇人民，但很快地就发展为各族人民的联合起义。公元523年（孝明帝正光四年），怀荒镇民执杀镇将。未几，沃野镇民破六韩拔陵聚众杀镇将起义。公元524年（孝明帝正光五年）六月，秦州（今甘肃天水、上邽等地）人莫折大提起义。公元525年（孝明帝孝昌元年）八月，柔玄镇兵杜洛周于上谷（今河北广灵县西北）起义。公元526年（孝昌二年）正月，鲜于修礼于定州（今唐县）起义。公元528年，邢杲起义于青州。

这是起义军中几个大的集团，此外小的起义集团，是书不胜书的。

破六韩拔陵起义军的活动区域是北方。破六韩拔陵起义后，六镇人民纷纷起来杀镇将以响应，活动范围，西起甘、陕沿今长城线，往东一直到旧察哈尔、热河南部。这一集团在公元525年（孝昌元年）为北魏政府所败。

莫折大提起义后不久就死了。起义军在他儿子莫折念生的领导下继续发展扩大，他的活动区域是关中甘陕地区，他的力量曾向东发展到潼关。这一集团于公元527年（孝昌三年）九月因内部叛徒叛变而失败。

杜洛周、鲜于修礼两部分起义军，后来统一于葛荣。这一集团的活动区域是上谷、定州、幽州、冀州、相州，即今河北地区。这一集团在魏末各起义集团中是力量最强大的，支持的时间也最久。从公元525年起义，一直到公元528年，整整支持了三年。葛荣在邺（相州），最盛的时候，有众百万，前锋到汲郡，正计划进攻洛阳，为尔朱荣所败。

邢杲是大集团起义军中最后的一个。起义于公元528年，他的活动地区是青州、光州和齐州，即今山东济南以东地区。继续了八个多月，最后也失败了。

北魏末年人民起义的一个主要特点，是各族的被压迫被剥削阶级联合起来反抗他们的共同敌人——各族的联合统治者剥削者。莫折大提、念生父子是羌族，莫折父子所领导的起义集团是氐、羌和汉族人民的联合起义集团。各族联合起义的性质在杜洛周、鲜于修礼和葛荣的集团中表现得最强。鲜于修礼是丁零族人，葛荣是汉人（杜洛周待考），但都是镇兵。破六韩拔陵失败后六镇人降服的，北魏政府都把他们徙到冀、定、瀛三州就食，在这里他们便和汉族人民联合起来起义。

这次大起义虽然没有直接打垮北魏政权，但北魏政权却由此而瓦解。东、西魏的分裂，北周、北齐的出现，不能不说都是这次人民起义的后果。

各族人民起义失败了，魏的中央政权也衰落了，政权落到击破葛荣的尔朱荣手里。

尔朱氏是北部的一个畜牧部落的酋长，因居尔朱川，遂以尔朱为氏。到尔朱荣时代，这一部族势力已很强大。他击破葛荣起义军后，以给孝明帝报仇为口实，进攻洛阳，杀死灵太后、少帝及王公卿士二千余人（汉化的鲜卑贵族这一下死了大半），而取得北魏中央政府的支配权。

尔朱荣立孝庄帝（元子攸）为皇帝。孝庄帝不愿做傀儡皇帝，在尔朱荣朝见他的时候，伏刀膝上，手杀荣。但尔朱荣虽死，尔朱氏的势力还是在的，尔朱荣的侄子尔朱兆等就起兵杀死孝庄帝，另立了一个皇帝。

随着中央政权的衰落，地方势力就抬起头来。其中最强的，在东方是高欢，在关中有贺拔岳和继之而起的宇文泰。

高欢是勃海蓨人，是汉人。祖谧仕魏至侍御史，坐法徙居怀朔镇，因为“累世北边，故习其俗，遂同鲜卑”。所以高欢是鲜卑化的汉人。在初，高欢参加了六镇及杜洛周、葛荣的起义军，后来背叛了起义军投归尔朱荣。尔朱荣死，尔朱兆使高欢统六镇兵。高欢就以六镇兵为基础南下据冀州，随后，又进兵洛阳。他也另立了一个皇帝（元修），是为孝武帝。高欢进兵晋阳，迫尔朱兆自杀，政权落到高欢手里。高欢为丞相，住晋阳。

孝武帝也不甘心做傀儡，和高欢的矛盾逐渐尖锐化。高欢起兵入洛阳，孝武帝西奔关中依宇文泰。

宇文泰，姓宇文，名泰，字黑獭，属匈奴种，世居武川镇。宇文泰的父亲宇文肱参加了鲜于修礼的起义，战死。鲜于修礼死，宇文泰属葛荣。葛荣败，泰归尔朱荣。公元534年，孝武帝立，以贺拔岳为雍州刺史镇压关中的人民起义军，宇文泰随贺拔岳入关。次年贺拔岳死，部下共推宇文泰代领其众，孝武帝即以宇文泰为关西大都督，宇文泰遂占有关中。孝武帝因为和高欢有矛盾就想依靠宇文泰，所以高欢起兵入洛阳时，孝武帝就跑到关中来。

孝武帝西奔，高欢就在洛阳另立了一个皇帝，并由洛阳迁都邺。这一年是公元534年，魏分为东西。高欢与宇文泰连年战争不断，战场西起关中，东抵河南中部。洛阳在北魏末年发展为一个拥有四十多万人口的都市。高欢迁都后，加以几次对洛阳的争夺战，洛阳又完全破坏了。

三、北魏晚期佛教寺院经济的发达

北魏晚季，佛教寺院经济更为发达，劳动人民为了逃避租税，相竞出家。公元517年（魏孝明帝熙平二年）灵太后曾再度下令限制度僧人数，禁止奴隶出家，禁止私度，并把私度的责任放到三长身上。诏说："年常度僧，依限大州应百人者，州郡于前十日解送三百人，其中州二百人，小州一百人。州统维那与官及精练简取充数，若无精行，不得滥采。若取非人，刺史为首，以违旨论，太守、县令、纲僚节级连坐，统及维那移五百里外异州为僧。自今奴婢，悉不听出家。诸王及亲贵亦不得辄启请。有犯者以违旨论。其僧尼辄度他人奴婢者，亦移五百里外为僧。僧尼多养亲识及他人奴婢子，年大私度为弟子，自今断之，有犯还俗，被养者归本等，寺主听容一人，出寺五百里；二人，千里。私度之僧皆由三长，罪不及已，容多隐滥。自今有一人私度，皆以违旨论；邻长为首，里党各相降一等，县满十五人，郡满三十人，州镇满三十人，免官，僚吏节级连坐，私度之身配当州下役。”（《魏书·释老志》）

但这时候，魏的政治腐败，法令是没有效力的，《魏书·释老志》在这个诏文的下面，就接着说了一句：“时法禁宽褫，不能改肃也。”

公元520年以后，六镇人民起义，徭役繁重，人民避役逃入寺院的更多，僧尼数突增到二百万。《魏书·释老志》说：“正光（公元520—524年）以后，天下多虞，王役尤甚。于是所在编户，相与入道，假慕沙门，实避调役。猥滥之极，自中国之有佛法，未之有也。略而计之，僧尼大众二百万矣。”《魏书·李孝伯传》说：“延昌末，……于时民多绝户而为沙门。”

僧尼之外，寺院数目也大增加。孝文帝和他的儿子宣武帝本都有诏命，不得多在城郭之内修建佛寺，但“俗眩虚声，僧贪厚润，虽有显禁，犹自冒营”（《魏书·释老志》，公元518年任城王澄上疏语）。公元518年，任城王澄的奏疏中还指出：“都城之中及郭邑之内，检括寺舍，数乘五百，空地表刹，未立塔宇，不在其数。民不畏法，乃至于斯。自迁都已来，年逾二纪，寺夺民居，三分且一。”（同上引书志）又说：“今之僧寺，无处不有，或比满城邑之中，或连溢屠沽之肆，……像塔缠于腥臊，性灵没于嗜欲，真伪混居，往来纷杂。……昔如来阐教，多依山林，今此僧徒，恋著城邑。……非但京邑如此，天下州镇僧寺亦然，侵夺细民，广占田宅，有伤慈矜，用长嗟苦。”（同上引书志）

尔朱荣之破洛阳，受害家族，多舍家宅为佛寺以为死者邀福，洛阳城邑的寺庙就更多了。《魏书·释老志》载：“河阴之酷，朝士死者其家多舍居宅以施僧尼，京邑第舍，略为寺矣！”据文献所载，魏末全国佛寺有三万余所。（《魏书·释老志》）

寺院的建筑都是极华丽雄伟的。大寺院一个寺院有几千间房子，可以容纳数千甚至上万的僧人。寺院的雄伟，我们举北魏末年修造的永宁寺为例。据《洛阳伽蓝记》所载：“永宁寺（孝明帝）熙平元年（公元516年）灵太后胡氏所立。中有九层浮图一所，架木为之，高九十丈，有刹复高十丈，合去地一千尺。在京师百里遥已见之。刹上有金宝瓶容二十石。宝瓶下有承露金盘三十重，周匝皆垂金铎。浮图有九级，级有九角，角角皆悬金铎，合上下一百二十铎。浮图有四面，面有三户六窗，户皆金涂。屏上有五行金铃，合有五千四百枚。波斯国胡人言，此寺精丽，遍阎浮所无也。”

第三节　南朝的腐朽和北朝的转趋强大

一、南朝的腐朽和没落

南朝门阀豪族士大夫阶级生活的腐朽萎靡，到梁世达到顶点。我们看当时人颜之推在《颜氏家训》中记下来的当时士大夫阶级的生活情况。他说：“梁朝全盛之时，贵族子弟都无学术，至于谚云：‘上车不落则著作，体中何如则秘书。’无不熏衣剃面傅粉施朱，驾长檐车，跟高齿屐，坐棋子方褥凭班丝隐囊，列器玩于左右，从容出入，望若神仙。”又说：“梁世士大夫皆尚褒衣博带，大冠高履，出则舆车，入则扶持，郊郭之内，无乘马者。”为什么没有乘马的呢？身体弱不敢乘。像“建康令王复，性既儒雅，未尝乘骑。见马嘶喷陆梁，无不震慑。乃谓人曰：‘正是虎，何故名为马乎？’”

门阀豪族士大夫阶级生活和生活意识的腐朽堕落，是有其物质基础的。他们是门阀贵族，占有土地和人民，有租税收入。同时他们又都是官，又有俸禄的收入。在生活上他们完全是一个寄生阶级，不参加生产劳动。颜之推说：“江南朝士，至今八九世，未有力田，悉资俸禄。假令有者，皆信童仆为之，未尝目睹起一发土，耘一株苗，不知几月当下，几月当收，安识世间余务乎？”（《颜氏家训·涉务篇》）同时，社会财富聚集在这一少数寄生阶级手中，社会条件又没有扩大再生产以吸取他们手中的财富的可能。加以当时商品生产主要的仍是奢侈品，也是以这一阶级为供应的对象。这些物质条件，使他们在生活上讲究享受，走上奢侈、腐朽、堕落的道路。

一方面门阀豪族阶级如此腐朽堕落，另一方面成为东晋南朝国家皇室支柱的小农经济，也是向着衰落的道路走的。东晋南朝户口逃亡的现象是一直在发展着的。

梁武帝后期，政治腐败，官吏贪污，社会风气崇尚浮华奢侈。人民不堪剥削，流移逃亡，户口大量减少。郭祖深上疏说：“陛下宠勋太过，驭下太宽，故廉洁者自进无途，贪苛者取入多径。……今商旅转繁，游食转众，耕夫日少，杼轴日空。……百僚卿士，甚少有奉公，尸禄竞利，不尚廉洁，累金积镪，侍列如仙，不田不商，何故而尔？”（《南史·郭祖深传》）《梁书·贺琛传》所载贺琛给梁武帝的条陈，更充分地反映了这种情况。传云：“是时高祖任职者，皆缘饰奸谄，深害时政。琛遂启陈事条，封奏。……其一事曰：‘今北边稽服，戈甲解息，正是生聚教训之时，而天下户口减落，诚当今之急务。虽是处雕流，而关外弥甚。郡不堪州之控总，县不堪郡之裒削。更相呼扰，莫得治其政术，惟以应赴征敛为事。百姓不能堪命，各事流移，或依于大姓，或聚于屯封，盖不获已而窜亡，非乐之也。……’其二事曰：‘……今天下宰守，所以皆尚贪残，罕有廉白者，良由风俗侈靡，使之然也。淫奢之弊，其事多端，粗举二条，言其尤者。……今之燕喜，相竞夸豪，积果如山岳，列肴同绮绣，露台之产，不周一燕之资，而宾主之间，裁取满腹，未及下堂，已同臭腐。又歌姬舞女，本有品制。……今虽复庶贱微人，皆盛姬姜，务在贪污，争饰罗绮。故为吏牧民者，竞为剥削。……其余淫侈，著之凡百，习已成俗，日见滋甚。欲使人守廉隅，吏尚清白，安可得邪？’”

走向没落的南方社会经济，在梁武帝末年侯景之乱时，又受到一次致命的打击。

侯景是北魏六镇之一的怀朔镇人（据《南史·侯景

传》）。参加过北魏末年的六镇起事。后属高欢。高欢死，景与欢子高澄不相容，南奔投梁。公元548年又举兵反梁，攻破建康城，把做了四十八年皇帝的梁武帝活活饿死。

侯景在北方失败，逃亡到南方来的时候，只有八百余人。他之所以能称兵作乱，攻破建康，完全是南方社会腐朽没落的结果。

奴隶制的延续在南朝是比较久的，南朝的世家豪族，很多还是大奴隶主，保有很多奴隶。这些奴隶主多半都是政府的高官，他们集中地居住在建康城内。侯景围攻建康城时，利用了在南方的，尤其是在建康城里的奴隶主与奴隶的阶级矛盾。他以解放奴隶并以奴隶做官为手段，瓦解了建康城内的抵抗力。《南史·侯景传》说："（景）募北人先为奴者，并令自拔，赏以不次。朱异（梁武帝的亲信大臣）家黥奴乃与其侪逾城投贼。景以为仪同，使至阙下以诱城内。……于是僮奴竞出。"

建康被围时，梁皇室子弟和地方官吏在各地的势力还是很大的。这些人在形式上也以勤王为号召，调兵遣将，实际上却互相观望，互相猜疑，甚至互相牵制，而不救建康。他们不但不能组织人民的力量，领导人民已经起来反对侯景的力量，反而以剥削压迫失掉人民的拥护。《南史·侯景传》载："初，援兵至北岸，众号百万。百姓扶老携幼以候王师，才过淮，便竞剥掠，征责金银，列营而立，互相疑贰。邵陵王纶、柳仲礼，甚于仇敌；临城公大连、永安侯确，逾于水火，无有斗心。”又载：“时荆州刺史湘东王绎，师于武成；河东王誉，次巴陵；前信州刺史桂阳王慥顿江津：并未之进。”

在这种情况下，建康城坚守了一个时期便被攻陷了。在围城战争中，建康城遭受极大的破坏。在围城时，“城中疫死者大半”（《南史·侯景传》）。江南的社会经济也遭受很大破坏，《南史·侯景传》载：“江南大饥，江扬弥甚。旱蝗相系，年谷不登。百姓流亡，死者涂地。……于是千里绝烟，人迹罕见。”

腐朽堕落的南方门阀豪族阶级，在侯景乱中，也遭到一次毁灭性的打击。颜之推说：“梁世士大夫……及侯景之乱，肤脆骨柔，不能行步，体羸气弱，不耐寒暑，坐死仓卒者，往往而然。”（《颜氏家训·涉务篇》）又说：“诸见俘虏，……虽千载冠冕，不晓书记者，莫不耕田养马。”（《颜氏家训·勉学篇》）

侯景在江南是没有基础的，他不敢一下就自己做皇帝，他立梁武帝的儿子萧纲为帝，是为简文帝。简文帝实际上是个傀儡，政权是在侯景手里。但侯景权力所及的地区，也只是建康附近和长江下游一些地方；上游荆、雍等地则为梁武帝诸子孙所据。

侯景生长北镇，性残酷粗野。《南史·侯景传》说：“景每出师，戒诸将曰：‘若破城邑，净杀却，使天下知吾威名。’故诸将以杀人为戏笑。百姓虽死不从之。”

公元551年，侯景自立为皇帝。陈霸先自广州起兵讨侯景，湘东王萧绎也遣王僧辩攻景。景在王僧辩、陈霸先的联合进攻下败死。萧绎自立为帝，因建康残破，就在江陵建都。

武帝孙萧詧原为雍州刺史。他和萧绎不和，投降西魏。西魏出兵攻陷江陵，萧绎出降后被杀。南朝皇家文物图书原在建康，元帝移存江陵。临阵前十万卷书，一火烧之，是中国文化史上一大劫。西魏攻陷江陵，十多万人被掳去做了奴隶。西魏立萧詧为梁帝，历史上称后梁，为西魏附庸国。

陈霸先、王僧辩在建康因建立问题发生争执，陈霸先杀王僧辩，并废了王僧辩所立的皇帝，另立萧方智为帝。公元557年，陈霸先废萧方智自立，建立了南朝最后一个王朝——陈朝。这个王朝也只维持了三十二年，为隋所灭。

南朝的领土是逐渐缩小的。东晋末宋初，南朝的领土最大，北方的山东和河南的一部分，陕西南部和四川，都属于南朝。东晋和宋都曾收复过洛阳，刘裕还曾灭后秦，占有关中长安。这以后就逐步缩小。侯景乱后不久，益州被西魏夺去。西魏攻陷江陵，虽然名义上在江陵立了一个萧詧为梁帝，给他广袤三百里的地方，实际上长江上游的荆、雍等地，都成了西魏的领地。所以陈时的疆土，只有长江中下游大江以南的地区，以及淮南江北一小块地方。

二、北周、北齐的对峙

东、西魏并没有维持好久。公元547年高欢死，又过了三年，公元550年，高欢的儿子高洋就废去东魏主，自己做起皇帝来，国号齐，是为北齐。

公元556年宇文泰死，次年他的儿子宇文觉也废魏帝自立，国号周，是为北周。形成周、齐对立的形势。

周、齐的疆土，大体上是以弘农（今灵宝）及河为界，弘农及河以东（今山西）属齐，弘农以西属周。在西魏时期，宇文泰从南朝取得益州和荆州的一部分。

东、西魏初分时，东方的形势是强于西方的。从人口上说，东方的人口多出西方一倍以上。但在东方，门阀豪族在经济上兼并土地、兼并人口，在政治上势力非常强大。这样，分权势力的强大就削弱了政府的力量。在西方情况却恰相反。宇文泰父子采取一连串的政策，整理户口、财政，打击豪强分权势力，使政府的财富和兵力强大起来。

我们先来说东魏、北齐的情况。

在东魏初，就是“是时法网宽弛，百姓多离旧居，阙于徭赋”（《隋书·食货志》）。高欢虽然派孙腾、高隆之分括无籍之户，得六十余万户，使租调收入稍有增加，但高欢对豪强则仍是不敢采取强有力的打击政策的。下面一段故事，说明这种情况。“（杜）弼以文武在位罕有廉洁，言于高祖高欢。高祖曰：‘弼来，我语尔。天下浊乱，习俗已久。今督将家属多在关西，黑獭常相招诱，人情去留未定。江东复有一吴儿老翁萧衍者，专事衣冠礼乐，中原士大夫望之，以为正朔所在。我若急作法网，不相饶借，恐督将尽投黑獭，士子悉奔萧衍，则人物流散，何以为国？’”（《北齐书·杜弼传》）杜弼叫这些“诸勋贵掠夺万民者”为齐的“内贼”。

北齐时政府对于门阀豪族仍然是继续着采取退让宽大的政策。因之“豪党兼并，户口益多隐漏。旧制：未娶者输半床租调。阳翟一郡，户至数万，籍多无妻。有司劾之，帝以为生事。由是奸欺尤甚，户口租调十亡六七”（《隋书·食货志》）。

东魏和北齐，都行过均田制，文献中保存下来东魏末年和北齐河清三年（公元564年）均田令的记载。依河清三年的令，北齐均田制的内容如下：

一夫受露田八十亩，妇四十亩。奴婢依良人。……丁牛一头受田六十亩，限止四年（牛）。又每丁给永业二十亩为桑田，其中种桑五十根，榆三根，枣五根；不在还受之限。非此田者悉入还受之分。土不宜桑者，给麻田如桑田法。（《隋书·食货志》）

关于奴婢受田，北魏只规定奴婢受田，没有限制；北齐奴隶主的奴隶受田，有名额限制。但就北齐所规定的限制来看，奴隶受田数量仍然是很大的。“奴婢受田者：亲王止三百人，嗣王止二百人，第二品嗣王已下及庶姓王止一百五十人，正三品已上及皇宗止一百人，七品以上限止八十人，八品已下至庶人限止六十人。”（《隋书·食货志》）

和均田相适应的丁制和租调制是：

男子十八以上，六十五已下为丁，十六已上，十七已下为中；六十六已上为老；十五已下为小。率以十八受田输租调，二十充兵，六十免力役，六十六退田、免租调。（同上引书志）

率人一床，调绢一匹、绵八两，凡十斤绵中折一斤作丝，垦租二石，义租五斗。奴婢各准良人之半。牛调二尺，垦租一斗，义租五升。（同上引书志）

与均田、租调力役制度相适应的还有兵制。

东魏和北齐初年，主要的是鲜卑人做兵，汉人没有兵役负担。高欢语鲜卑人说："汉民是汝奴。夫为汝耕，妇为汝织，输汝粟帛，令汝温饱，汝何为凌之？……"他对汉人说话，则说："鲜卑是汝作客，得汝一斛粟、一匹绢，为汝击贼，令汝安宁，汝何为疾之？"（《资治通鉴》卷一五七）北齐文宣帝时，兵役的负担者，主要的仍然是鲜卑人。他使"六坊之内徙者，更加简练，每一人必当百人，任其临阵必死，然后取之，谓之百保鲜卑"。但同时他"又简华人之勇力绝伦者，谓之勇夫，以备边要"（《隋书·食货志》）。是汉人已逐渐参加兵役负担。武成帝河清三年令，规定受田男子二十六充兵。这说明到了北齐后朝，汉人的服兵役才制度化。

在形式上，北齐虽然是实行均田制的，但实际上土地所有权，尤其是肥沃的土地，都掌握在门阀豪族手里。史称："其时强弱相凌，恃势侵夺，富有连畛亘陌、贫无立锥之地。""肥饶之处，悉是豪家。""编户之人，不得

一垄。”（《通典》卷二《食货典·田制下》引《关东风俗传》）

东魏、北齐汉胡部落的感情不融洽，也是一个始终未得解决的问题，六镇过来的这部分鲜卑族对汉人是欺辱的、轻视的。上引高欢告诉鲜卑人和汉人的话，就是为了调协汉、胡民族间的感情，但这是未能解决问题的。从文献中我们知道，北齐的鲜卑贵族对汉人是轻视的。《北齐书·高昂传》云：“时鲜卑共轻中华，朝士唯惮服于昂。”高昂，勃海蓨人也，是汉人。在一次的治河工程中，治河役夫多溺死。御史中尉刘贵说：“一钱汉，随之死！”高昂怒，拔刀斫贵。（《资治通鉴》卷一五七）

高欢起自六镇，在高欢时期，对外作战是依靠鲜卑兵。贪污腐化，侵蚀了鲜卑贵族，也自然侵蚀了鲜卑军队。它的战斗力就削弱衰落下去。武成帝河清三年令虽然扩大了兵役范围，使汉人也服兵役，但武成帝时北齐的政治已更为腐败。史称其时：“赋敛日重，徭役日繁，人力既殚，帑藏空竭。”（《北齐书·幼主纪》）兵源虽然扩大了，但是人民生活困苦，没有意志去为统治者作战；政治腐败，官吏腐化，军队的组织、纪律也是不会好的；所以兵源扩大，并不能增强北齐的军事力量。

周的情况，却恰与齐相反。

宇文泰为丞相，从各方面强化西魏的中央政权。他整饬吏治，减轻人民负担，注意汉、胡民族的关系，引用汉人做官。史称："魏丞相泰欲革易时政，为强国富民之法。大行台度支尚书兼司农卿苏绰尽其智能，赞成其事；减官员，置二长，并置屯田以资军国。又为六条诏书：一曰清心；二曰敦教化；三曰尽地利；四曰擢贤良；五曰恤狱讼；六曰均赋役。泰甚重之，常置诸坐右，又令百官习诵之。其牧守令长非通六条及计帐，不得居官。"（《资治通鉴》卷一五八）"命尚书苏绰损益三十六条之制，总为五卷颁行之。搜简贤才为牧守令长，皆依新制而遣焉。数年之间，百姓便之。"（同上引书卷）

公元543年，"魏诸牧守共谒丞相泰，泰命河北太守裴侠别立，谓诸牧守曰：裴侠清慎奉公，为天下最，有如侠者可与俱立。众默然无敢应者。泰乃厚赐侠。朝野叹服，号为独立君。"（同上引书卷）

北周也行过均田制，农民受田："有室者（夫妇）田百四十亩，丁者百亩。"赋法："凡人自十八以至六十有四，与轻癃者皆赋之。其赋之法：有室者岁不过绢一匹、绵八两、粟五斛，丁者半之；其非桑土，有室者布一匹、麻十斤，丁者又半之。"役："凡人自十八以至五十有九，皆任于役；丰年

不过三旬，中年则二旬，下年则一旬；凡起徒役，无过家一人。”（《隋书·食货志》）

在军制上，宇文泰创设了府兵制。府兵制是中国中世纪时期一个重要制度，前后维持了二百多年，到唐中叶玄宗天宝年间才破坏的。当然，这制度不是一成不变的，西魏宇文泰初创立时的府兵制和隋唐的府兵制在内容上有很大的变化。

宇文泰初创立的府兵制是模仿拓跋鲜卑初期的部落旧制的一种兵制（参看陈寅恪先生《隋唐制度渊源略论稿》兵制章）。拓跋鲜卑在初期部落制时期，每一部落成员都是战斗员，一部落的兵统一于部落酋长的率领下。部落兵的战斗力是强的。宇文泰初创时的府兵制就是模仿这种制度的。《周书·文帝纪》：“魏氏之初统国三十六，大姓九十九，后多绝灭。至是以诸将功高者为三十六国后，次功者为九十九姓后，所统军人亦改从其姓。”一个军事单位好像一个部落，其下的分子都姓军将的姓。在府兵制下，府兵和农民是分离的。府兵是一特殊集团和阶级，不属于郡县管辖，所谓“自相督率，不编户贯”。“十五日上，则门栏陛戟，警昼巡夜；十五日下，则教旗习战。无他赋役。每兵唯办弓刀一具，月简阅之。甲槊戈弩，并资官给。”（《北史》卷六〇论曰）这种兵制的优点在于：第一，一个军事单位有如一个部落，也就是他们有如同姓兄弟，他们的内部团结好、组织好，因之战斗力是强的，所谓“抚养训导，有如子弟，故能以寡克众”（《玉海》卷一三八引《邺侯家传》）；第二，兵士的待遇好，他们“无他赋役”，同时是有训练的，“十五日下，别教旗习战”。

高欢初期的鲜卑兵，也是专以打仗为职业的，这点和宇文泰的府兵是相同的；这一点也说明了高欢军队的战斗力在初期也是很强的原因。但不同的是：府兵制成为一种制度，府兵是有组织有训练的，同时还配合了别的政治条件，所以西魏、北周的府兵制的战斗力能够维持下去，而东魏、北齐的鲜卑兵，我们看不出对他们的训练，看见的是鲜卑兵的欺辱汉人，鲜卑将与兵的腐化贪污、军队待遇的恶化，鲜卑兵的战斗力当然会随这些条件而衰落下去。

三、突厥的兴起

北魏时，北方的强敌有柔然。自拓跋珪以来，北魏与柔然时常有战争。柔然与北魏几相始终，北魏衰，柔然亦衰。突厥又代之而起，为北方强族。

关于突厥的兴起，有三种传说。一种传说是：“突厥者，其先居西海之右，独为部落，盖匈奴之别种也。姓阿史那氏，后为邻国所破，尽灭其族。有一儿年且十岁，兵人见其小，不忍杀之，乃刖足断其臂，弃草泽中。有牝狼，以肉饵之。及长与狼交合，遂有孕焉。彼王闻此儿尚在，重遣杀之。使者见在狼侧，并欲杀狼。于时若有神物，投狼于西海之东，落高昌国西北山。山有洞穴，穴内有平壤茂草，周围数百里，四面俱山。狼匿其中，遂生十男。十男长，外托妻孕。其后，各为一姓。阿史那即一也，最贤，遂为君长。故牙门建狼头纛，示不忘本也。渐至数百家。经数世，有阿贤设者，率部落出于穴中，臣于蠕蠕（即柔然）。至大叶护，种类渐强。”（《北史·突厥传》）

另一种传说是：“突厥本平凉杂胡，姓阿史那氏。魏太武皇帝灭沮渠氏，阿史那以五百家奔蠕蠕。世居金山之阳，为蠕蠕铁工。金山形似兜鍪，借号兜鍪突厥，突厥因以为号。”（同上引书传）

又一传说是：“突厥之先，出于索国，在匈奴之北。其部落大人曰阿谤步，兄弟七十人。其一曰伊质泥师都，狼所生也。阿谤步等性并愚痴，国遂被灭。泥师都既别感异气，能征占风雨。娶二妻，云是夏神、冬神之女。一孕而生四男。其一变为白鸿，其一国于阿辅水、剑水之间，号为契骨。其一国于处折水。其一居跋斯处折施山，即其大儿也。山上仍有阿谤步种类，并多寒露。大儿为出火温养之，咸得全济，遂共奉大儿为主，号为突厥，即纳都六设也。都六有十妻，所生子皆以母族姓。阿史那是其小妻之子也。都六死，十母子内欲择立一人，乃相率于大树下，共为约曰：‘向树跳跃，能最高者即推立之。’阿史那年幼而跳跃最高，诸子遂奉以为主，号阿贤设。此说虽殊，终狼种也。”（同上引书传）

这些传说，当作史实看，当然是荒诞无稽的，但却包含了突厥族原始时期的一些史影。狼的传说是图腾的遗留。“皆以母族姓”是母系制的遗留。“阿史那年幼而跳跃最高，诸子遂奉以为主”的传说是突厥立少的风俗制的遗影。

六世纪中叶，突厥强大起来。史称：“其后曰土门，部落稍盛。始至塞上市缯絮，愿通中国。西魏大统十一年（公元545年），周文帝遣酒泉胡安诺槃陁使焉。其国皆相庆曰：‘今大国使至，我国将兴也。’十二年，土门遂遣使献方物。时，铁勒将伐蠕蠕，土门率所部邀击，破之，尽降其众五万余落。恃其强盛，乃求婚于蠕蠕，主阿那瓌大怒，使人詈辱之曰：‘尔是我锻奴，何敢发是言也！’土门亦怒，杀其使者，遂与之绝。而求婚于魏，周文帝许之。……废帝元年（公元552年）正月，土门发兵击蠕蠕，大破之于怀芒北。……土门遂自号伊利可汗，犹古之单于也；号其妻为可贺敦，亦犹古之阏氏也。亦与齐通使往来。土门死，子科罗立，科罗号乙息

记可汗。……且死，舍其子摄图，立其弟俟斤，是为木杆可汗。”（同上引书传）

木杆可汗时代，突厥灭了柔然，势力更强。史称：“木杆可汗……勇而多知，务于征伐，乃率兵击邓叔子（柔然主），破之。叔子以其余烬奔西魏。又西破嚈哒，东走契丹，北并契骨，威服塞外诸国。其地东自辽海以西至西海，万里；南自沙漠以北至北海，五六千里，皆属焉。抗衡中国。”（《北史·突厥传》）

据文献记载，突厥族的社会生活，有如下述：“随逐水草迁徙，以畜牧射猎为事。……贱老贵壮，寡廉耻，无礼义，犹古之匈奴。……大官有叶护、次特勒，次俟利发、次吐毛发，及余小官，凡二十八等，皆世为之。兵器有角弓鸣镝，甲矟刀剑。佩饰则兼有伏突。旗纛之上，施金狼头。侍卫之士，谓之附离，夏言亦狼也。盖本狼生，志不忘旧。善骑射，性残忍。无文字，其征发兵马及诸杂畜，刻木为数，并一金镞箭蜡封印之，以为信契。俟月将满，转为寇抄。其刑法：反叛、杀人及奸人之妇、盗马绊者，皆死；淫者割势而腰斩之；奸人女者重责财物，即以其女妻之；斗伤人者随轻重输财物；伤目者偿以女，无女则输妇财；折支体者输马；盗马及杂物者各十余倍征之。……父兄伯叔死，子弟及侄等妻其后母世叔母嫂。……移徙无常，而各有分地。以敬鬼神，信巫。重兵死，耻病终。大抵与匈奴同俗。”（《北史·突厥传》）这里所记述的，大约是突厥族发展起来向外征服的前夜，即到六世纪中叶的情况。这里我们看到突厥的部落酋长贵族已是世袭的，似乎还没有显著地发展起来的奴隶制，土地是公有的，但已各有分地。血缘关系、氏族习惯还是主要的社会纽带。它的社会阶段，大约还在氏族社会父系家长制时期。六世纪中叶以后，由于对外征服，突厥社会才有了发展。

公元572年，木杆可汗死，立其弟他钵可汗。

六世纪中叶，正是北周、北齐东西对立的时期。周、齐间时常在战争，双方都没有力量来抵抗突厥。为了维持自己的政权，又争着勾结突厥，来取得突厥的帮助。史称：“自俟斤（木杆可汗）以来，其国富强，有凌轹中夏之志。朝廷（指北周）即与之和亲，岁给缯絮锦彩十万段。突厥在京师者，又待以优礼，衣锦食肉，常以千数。齐人惧其寇掠，亦倾府藏以给之。他钵弥复骄傲，乃令其徒属曰：‘但使我在南两个儿子孝顺，何忧无物邪！’”（《北史·突厥传》）

四、北周武帝统一北方和隋的代周

宇文泰整饬吏治，安定人民生活，减轻人民负担，强化中央政权，强化军队斗争能力的政策，到北周武帝时更加以发展。

武帝名邕，是宇文泰的第四子，继承他的哥哥宇文毓而为皇帝。武帝可以说是北朝晚年一个雄才大略的政治家。他自己生活俭朴，对于吏治注意整饬。善于组织军队、训练军队，能得士卒死力。史称他：“锐情教习，至于校兵阅武，步行山谷，履涉勤苦，皆人所不堪。………每宴会将士，必自执杯劝酒或手付赐物。至于征战之处，躬在行陈。性又果决，能断大事，故能得士卒死力。”（《周书·武帝纪下》）

北周武帝自强不息的时候，正是北齐后主荒淫、政治腐败、民不聊生的时候。史称齐后主“赋敛日重，徭役日烦，人力既殚，帑藏空竭，乃赐诸佞幸卖官，或得郡二三，或得县六七。……于是州县司职，多出富商大贾，竞为贪纵，人不聊生”（《北史·齐本纪下》）。韦孝宽对周武帝评论当时齐的政治社会情况说：“齐氏昏暴，政出多门，鬻狱卖官，唯利是视，荒淫酒色，忌害忠良，阖境嗷然，不胜其弊，以此而观，复亡可待。”（《周书·韦孝宽传》）所以公元577年，北周武帝伐齐，一举就把齐灭掉，使北方重归于统一。

武帝一面努力于国家的统一，一面也努力于政治的集权。他对于分割土地和人口的寺院组织，首先采取积极的打击政策。

据佛教史籍《佛祖历代通载》及《佛祖统纪》所载，西魏、北周的佛教僧尼，最多时有二百万，北齐最多时有三百万。其中尤以北齐时佛教寺院最为发达，对于国家租税的影响也最为严重。北齐文宣帝高洋的一个诏书中曾说：“乃有缁衣之众，参半于平俗；黄服之徒，数过于正户。所以国给为此不足，王用因兹取乏。”（《广弘明集》卷二四）

武帝首先于公元574年，未灭齐之前，先把北周境内的佛教寺院毁灭，僧尼大众皆强迫还俗为国家编户，输课纳租；寺庙则分赐王公贵族。灭齐后，更于公元577年灭齐境内佛教寺院。

对于门阀豪族的侵占户口，武帝也是采取积极的打击政策的。他制定法律：“正长隐五户及丁以上，及地顷以上，皆死。”（《隋书·刑法志》）这是从北魏孝文帝创置三长以来，政府制止户口逃亡最严厉的一次法令。

宇文泰模仿拓跋鲜卑部落旧制编组军队，固然加强了军队的组织性和军队的战斗力，但这样也强化了兵士与主将的隶属关系，加强了军队分权力量的倾向。因为依照部落旧制，则部落酋长对于部内有直辖权，对于部落外有独立之势，因之其兵士是分属于各军将，而不直隶于君主。这在宇文泰时是不能不如此的，和宇文泰同起的几个人物和宇文泰的地位差不多，宇文泰不可能独尊。

武帝发展君主集权，对军队中分权的倾向也大力加以变革。他改府兵军士为侍官，以改变府兵之部属观念，使其直隶于君主（参看陈寅恪《隋唐制度渊源略论稿》第136页）。他对他弟弟齐王宪的侍读裴文举的几句话，尤具体地说明了武帝对强化君权、打击分权的意念。他说：“近代以来，又有一弊，暂经隶属，便即礼若君臣，此乃乱世之权宜，非经国之治术。诗云‘夙夜匪懈，以事一人’，一人者，止据天子尔。虽陪侍齐公，不得即同臣主。”（《周书·齐王宪传》）武帝所谓“近代以来”，“暂经隶属”，便即礼若君臣的一弊，实即东汉末年以来发展起来的人口分割制。武帝解释诗经“夙夜匪懈，以事一人”为“一人者，止据天子”，正是集权的封建君主对分权的封建贵族的斗争。这正是封建国家集权统一因素的孕育。从东汉末年开始形成的人口分割制，经过三百多年的发展，至此开始走下坡路。建立在人口分割制上的豪族自然也随着走下坡路了。隋及唐初，门阀豪族政治势力的衰落，君权的强化，统一帝国的出现，都不是偶然的。

北周武帝是一个雄才大略的人，他是抱有统一全中国的雄心的。但在灭齐后的次年，公元578年六月，他却赍志而殁了。武帝死后，他的儿子赟——周宣帝继位。宣帝是一个狂妄荒唐、游戏无恒的皇帝。他对于人民则加重徭役，对于贵族公卿则任意楚挞，弄得“内外恐惧，人心不安”（《周书·宣帝纪》）。

这时宣帝皇后的父亲汉人杨坚，以后父而任上柱国大司马，在政治上已有很高的威望。杨坚出身北周的一个贵族家庭。他的父亲杨忠是北周太祖宇文泰统治集团中高级人物之一，在西魏时期已任大将军，北周开国后进位大司空。杨坚的妻是魏末大柱国独孤信的女儿，妻姊是周明帝后。在门阀贵族社会中，这是他在政治斗争中很好的条件。

公元580年，宣帝死，子静帝即位，年仅八岁，杨坚得到一个发展他的权力的机会，同时也是一般有政治野心的豪门贵族博取更大富贵的机会。在这些人物支持下，杨坚入主朝政，都督内外诸军事，又进位大丞相，总揽军政大权。他改革宣帝的苛政，宽大节俭，取得大部分官僚贵族的拥护，巩固了他在中央政权的地位。

杨坚在中央方面权力的发展，引起地方上党于周室的官僚贵族的反抗。公元580年，相州（今河南安阳）总管尉迟迥、郧州（今湖北钟祥）总管司马消难、益州（今四川成都）总管王谦等先后起兵反对杨坚，但先后都为杨坚所败，尉迟迥、王谦被杀，司马消难奔陈。杨坚又把周室诸王调集京师，一网杀尽。次年，公元581年，杨坚遂代周而为皇帝，是为隋文帝。

第四节　南北朝的文化

一、经学和史学

南北朝时期是佛教思想支配下的时代，是儒家和经学的衰落期。前引《梁书·儒林传》对于儒家从汉末到梁的盛衰情况的叙述是正确的。

但是这也不是说南北朝时儒学已经绝统，儒家和经学传统仍是存在的。

南朝儒学之中，最发达的是三礼之学。宋、齐、梁三朝政府都忙于纂修五礼（五礼，谓吉礼，祭祀之礼；嘉礼，冠婚之礼；宾礼，宾客之礼；军礼，军旅之礼；凶礼，丧葬之礼）。大多数儒家也是精通三礼的（三礼谓《礼记》、《仪礼》及《周礼》）。《梁书·儒林传》十三人，其中有十一人是“少好三礼”“尤精三礼”，“治周礼”“善三礼”“少通三礼”，“尤明三礼”“尤长三礼”，“又善三礼”，或著或注礼的。五礼之中，尤以丧服礼为盛。这时期礼学特别发达是有社会基础的。这时期是门阀豪族最盛的时期，礼——尤其丧礼是维持门阀豪族的一种工具，所以礼学得以特盛。

北魏继五胡之后，儒学仍然是比南方为盛的。如北魏：“（世宗）时天下承平、学业大盛。故燕、齐、赵、魏之间，横经著录，不可胜数。大者千余人，小者犹数百。”（《魏书·儒林传》）北齐时，“横经受业之侣，遍于乡邑；负笈从宦之徒，不远千里。伏膺无怠，善诱不倦。入闾里之内，乞食为资；憩桑梓之阴，动逾千数”（《北齐书·儒林传》）。北周时，“开黉舍，延学徒者比肩，励从师之志，守专门之业，辞亲戚，甘勤苦者成市”（《周书·儒林传》）。自然一般地说，北方的儒学仍然是不能和佛教相比的。

就南北朝一时代儒学的传授来看，大概南方所宗的是魏、晋的新学。“《周易》则王辅嗣，《尚书》则孔安国，《左传》则杜元凯。”王弼是魏、晋清谈玄学之祖，他的周易是老庄之学。《尚书孔安国传》是王肃所立，王肃是晋武帝司马炎的外祖。杜预则晋之功臣。北方所宗的则是汉世旧有之学。“《左传》则服子慎，《尚书》《周易》则郑康成，《诗》则主于毛公，《礼》则同遵于郑氏。”（《北史·儒林传》）就其精神风尚来说：则“南人约简，得其英华；北学深芜，穷其枝叶”（同上引书传）。这种精神风尚的不同，也是基于魏、晋新学和汉代旧学的不同而来的。魏、晋玄学盛，习玄学而又不舍儒学的人说经，是有着老庄的意味的。他们着重于从综合的抽象的原理方面说经，故能“约简”而“得其英华”。东晋渡江，北方中小地主的儒学，没有受玄学的影响，它是上承汉学的。他们要兼通，又要博考，故“深芜”，但能“穷其枝叶”。

南北朝时期，私家著史的风气仍很盛。

宋、齐时代，史籍中最重要的著作有范晔的《后汉书》、裴松之的《三国志注》等。范晔，刘宋初人。在范晔以前，魏、晋时著后汉书的前后有八家，成书有多有少。范书成，其他八家的后汉书遂渐次湮没，以至不传。范著《后汉书》，只成纪十卷、传八十卷，志未成而晔为宋文帝所杀。梁时刘昭以司马彪《续汉书》之志三十卷补其阙，并为作注。这就是我们现存的《后汉书》。

西晋陈寿作《三国志》，文甚简略。宋文帝命裴松之兼采众书，补注其阙。裴所采书约一百五十种，他的注分量比陈寿原书还多，故裴注实在是陈寿《三国志》的补编。裴注的贡献是大的，三国时代的许多史实赖有裴注才保存下来。

此外，齐时臧荣绪著有《晋书》一百一十卷，纪、录、志、传俱备。同时代的褚渊曾称赞其书：“虽无逸才，亦足弥纶一代。”（《南齐书·臧荣绪传》）唐修《晋书》以前，史家著述晋史的，前后有十八家，以臧书为最完整。唐修《晋书》即主要取材于臧。现书已亡。

在梁武帝时代，也出现了几个史学家，出现了几部重要史籍，如萧子云的《晋书》萧子显的《后汉书》《晋史草》沈约的《晋书》等。这些书现在皆失传了。宋、齐史有沈约的《宋书》、萧子显的《齐书》，这两部书现在皆存，即二十四史中的《宋书》和《齐书》。沈约的《宋书》成于齐世，其中多因宋徐爰之旧作。另外吴均曾受命撰通史，有六百卷。虽然是多采旧史，但能打破断代史的局限，也是应该一提的。现书已亡。

北朝的史学著述也是相当盛的。五胡十六国时代，各王国的学人对于各王国史实多有著述。依《隋书·经籍志》的著录，有关五胡十六国的著述不下三十余种。到北魏晚期，崔鸿采集各家著述，撰为《十六国春秋》，一百二十卷。此书亡于北宋中叶，《太平御览》等书都有引录，清人汤球有《十六国春秋辑补》。

北齐魏收撰《魏书》，即现在二十四史中的《魏书》。《魏书》一百三十卷，向被称为“秽史”，因为魏收所生长的北齐是承接北魏的，当时北方已重门阀豪族。在北齐为官的，很多是北魏大官僚的子孙。魏收作《魏书》，对他同时代官僚们的父祖的善恶，有褒有贬，这自然在这些官僚中引起了爱恶。恶之者便加以恶名，说他受贿而给行贿之家作好传，于是有了“秽史”的名声。

南北朝时代的史学著作，除以上所讲的之外，还应提到这时期特别发达的谱牒之学、人物传记及地方志。其中尤以谱牒学之盛为南北朝这一时代的特色。据《隋书·经籍志》所载，这时期的谱牒著作有四十余种三百余卷。如通记亡书，则有五十余种近一千三百卷。谱牒学之盛，是和门阀豪族之盛分不开的。门阀豪族最重血统、婚宦、门第，谱牒正是为此目的服务的。梁武帝未做皇帝前给齐帝的一个上书说：“且夫谱牒讹误，诈伪多绪，人物雅俗，莫肯留心，是以冒袭良家，即成冠族，妄修边幅，便为雅士。”（《梁书·武帝纪》）可见谱牒对于门阀豪族保持门第上的重要。

二、杰出的思想家——神灭论者范缜

南北朝佛教和寺院经济的发展，引起儒家和道教对佛教的斗争。南朝没有像北朝那样的大规模灭佛，但思想方面的斗争却比北朝为显著。

道士和儒生从所谓夷夏民族关系、佛教与中国固有的家族制度和伦理关系的矛盾、佛教与君臣关系的矛盾等方面攻击佛教，他们认为佛教是“夷人”的宗教，佛教是“下弃妻孥，上废宗祀”的宗教，佛教是不敬王者的宗教，因此应该废除。他们用“三破”来指斥佛教，他们说佛教是“入身破身，入家破家，入国破国”（参看《弘明集》卷八）。

另外也有人从租税收入、户口减少、劳民伤财等方面攻击佛教（如前面讲过的郭祖深）。

从哲学方面攻击佛教的，则有神灭论，根本否定神的存在。神既不存在，佛教便从根本上失去存在的意义。在主张神灭论的人物中，最值得提出介绍的是范缜和他的神灭论学说。

范缜字子真，南乡舞阴人，生卒年月都不详。据近人考证，大约生于公元450年（宋文帝元嘉二十七年）而卒于公元507年（梁武帝天监六年）以后。范缜少孤贫，曾师事沛国刘瓛，“在瓛门下积年，去来归家，恒芒屩布衣，徒行于路。瓛门多车马贵游，缜在其门，聊无耻愧”（《梁书·范缜传》）。在南齐时曾做宜都太守，梁时先后任晋安太守、尚书左丞等官。梁武帝天监四年（公元505年）谪徙广州，六年（公元507年）召还。卒年不详。

南北朝时代，是佛教思想支配下的时代。范缜则不为时代思潮所移，大胆地提出神灭论的思想。他“不信因果”“盛称无佛”。在齐时，范缜尝侍竟陵王子良。子良精信佛法，尝问范缜："君不信因果，世间何得有富贵？何得有贫贱？"缜答曰："人之生，譬如一树花，同发一枝。俱开一蒂，随风而堕，自有拂帘幌坠于茵席之上，自有关篱墙落于溷粪之侧。坠茵席者，殿下是也；落粪溷者，下官是也。贵贱虽复殊途，因果竟在何处？"（《梁书·范缜传》）

范缜的无神论思想，集中地表现在他的《神灭论》名著里。在梁武帝初年（从侯外庐先生说，参考侯外庐等著《中国思想通史》第二卷下册，第903—906页），以王公朝贵及僧侣贵族为对手，范缜和他们展开了一次大的神灭论战。在这次论战中，他写了《神灭论》。

在《神灭论》中，他表现了他的唯物论的思想。他说："神即形也，形即神也。是以形存则神存，形谢则神灭也。"所谓"神"就是精神；"形"即客观实体，即物质。这里范缜指出精神与物质的关系，形是基础，神是派生出来的。两者的关系是：神的"存""灭"以形的"存""谢"为基础，形存则神存，形谢则神灭。这种观点是唯物论的。

照"形存则神存，形谢则神灭"的思想来说，就可以说：宇宙间物质的存在是原始的存在；精神是物质的属性，或物质的作用，根本不能离开物质而独立存在。范缜曾以"利"与"刃"的关系来说明神与形的关系，他说："神之于质，犹利之于刃；形之于用，犹刃之于利。……未闻刃没而利存，岂容形亡而神在？”

范缜性质直，好危言高论，忠于他自己的思想，决不出卖自己的思想主张，奉迎当世以取富贵。有一次他在齐竟陵王子良处与人辩论神灭。子良使人谓之曰：“神灭既自非理，而卿坚执之，恐伤名教。以卿之大美，何患不至中书郎，而故乖刺为此！可便毁弃之。”范缜大笑说：“使范缜卖论取官，已至令仆矣，何但中书郎也！”（《南史·范云从兄缜传》）这种不卖论求官的品质，是值得我们尊敬的。

当然，生在中世纪神权时代的范缜，他的唯物论还不会是我们的辩证唯物论。在他论到“圣凡之殊”，即圣人与一般人的区别的时候，就陷于非常机械的境地。他认为圣凡之不同，乃是由于圣人与凡人的心器不同。他说：“比干之心，七窍列角；伯约之胆，其大若拳。”（《梁书·范缜传》）这种想法，无疑是非常机械的。

虽然，范缜的思想有若干的缺点，但那是无关紧要的，那是历史时代限制了他。范缜在神权思想统治下的中世纪，能提出神灭论的唯物论的观点，是不失为一个伟大的思想家的。

三、文学和艺术

南北朝的文学作品（这里主要的是就南朝的文学作品说的），主要的特点，在内容上是脱离社会现实的、颓废的、轻艳浮靡的，在形式上是讲求词句的雕琢，讲求骈偶对句，讲求声律。

南方经过东晋一代的恢复，社会经济已由恢复走上发展。商品货币关系发展，城市生活繁荣起来。门阀豪族的生活是安定的、富足的，但是，也是寄生的、豪奢的、堕落的。北方在这一时期的初期，正经历着落后的拓跋氏的入侵。经过多次战争，拓跋氏统一了北方，整个北方陷落在鲜卑族拓跋氏贵族统治之下。五世纪的后期以后，北方社会才由战乱走向恢复。孝文帝实行均田制和汉化政策，才推动北方社会经济文化逐步向前发展。

这种客观情势，当然都会反映到文学艺术方面去。

就文学方面说，南方在刘宋初年，出了很多诗人。其中最负盛名的是谢灵运、颜延之、鲍照等。

谢灵运是淝水之战名将谢玄的孙子，门阀豪族，喜爱山水。尝与宾客数百人自始宁南山，伐山开路直出临海。他的诗大多是描写山水的。他写诗，很注意用字和句子的雕凿刻画。梁初的文学批评家刘勰评论宋初的文风说：“宋初文咏，体有因革，庄老告退，而山水方滋。俪采百字之偶，争价一字之奇。情必极貌以写物，辞必穷力而追新。”（《文心雕龙·明诗篇》）另一诗批评家钟嵘很推崇谢灵运，他说：“元嘉中，有谢灵运，才高词盛，富艳难纵。”（《诗品》）“词盛”“富艳”仍然是指的文字上有功夫，不是诗的内容。谢灵运和陶潜都写五言诗，陶潜写田园生活，透过田园生活，吐露出自己的真实感情，是现实主义的；谢灵运写山水，太注意文字技巧，伤害了内容。谢灵运所以如此，是他名家公子优裕的生活实践所决定的。

颜延之是和谢灵运同时而又齐名的诗人。颜延之的诗比谢灵运更注意文字的雕镂，更加局促于绮语浮词之间。他问鲍照，他的诗和谢灵运的比较如何。鲍照说：“谢五言如初发芙蓉，自然可爱；君诗若铺锦列绣，亦雕缋满眼。”说谢诗是“初发芙蓉，自然可爱”，未免稍过。“铺锦列绣”“雕缋满眼”，却形象化地指出了颜诗形式上的优点和本质上的缺点。

宋初的作家，能够一扫只注意形式之风，不在文字词藻方面苦求雕琢，以矫健之笔，舒写自己的感情的，只有鲍照。鲍照不是出身名门，名位不显，故“致湮当代”。但他的诗，确是高出谢、颜。我们伟大的诗人杜甫曾称赞他“俊逸鲍参军”（他曾做宋临海王子顼的参军），鲍照的确是当得起“俊逸”之称的。这里我们介绍鲍照的《拟行路难》中的一首。“对案不能食，拔剑击柱长叹息。丈夫生世会几时，安能蹀躞垂羽翼。弃置罢官去，还家自休息。朝出与亲辞，暮还在亲侧。弄儿床前戏，看妇机中织。自古圣贤尽贫贱，何况我辈孤且直。”

齐时诗文更盛。竟陵王子良左右聚集了许多文人。其中沈约、谢朓等八人尤为竟陵王子良所敬，号为“竟陵八友”。谢朓最长于诗，伟大的诗人李白对谢朓是相当佩服的。谢朓的诗，也是写山水之游的。

齐时诗人极讲究音韵声律。他们把五言诗推向律诗的路上发展。《南齐书·陆厥传》：“永明末，盛为文章，吴兴沈约、陈郡谢朓、琅邪王融，以气类相推毂。汝南周颙善识声韵。约等文皆用宫商，以平上去入为四声，以此制韵，不可增减。世呼为永明体。”其中最应注意的人物是沈约。四声是他首先提出来的，他和谢朓又把四声应用到诗里去。

永明体开创了六朝诗的新风格。

梁武帝前期的诗，是继承宋、齐的。武帝本人就是竟陵王子良的“竟陵八友”之一。宋、齐时代的诗人如沈约、萧子云等到梁时仍都在。武帝一家有如东汉末年的曹氏父子，都是文才很高的。武帝的太子萧统把古代的好文学作品，搜罗汇集为一编，即世传之《昭明文选》（昭明是太子萧统的谥号，萧统没有做皇帝就死了）。这部书对保存古代的文学作品是有贡献的。这部集著的编纂，也反映梁代文风之盛。

梁武帝时期由于南方长期的安定，门阀贵族阶级的生活是安逸的、华侈的、颓废的、堕落的。这种生活实践，反映到门阀贵族阶级的文人的文学作品中去，于是产生了宫体诗。

宫体诗的创制人是武帝的儿子萧纲，即后来的梁简文帝，所以称这种诗体为宫体。宫体诗比永明诗更加浮靡绮丽，而内容也更加颓废萎靡，接近荒淫情色。《北史·文苑传》说："梁自大同之后，雅道沦缺，渐乖典则，争驰新巧。简文、湘东，启其淫放；徐陵、庾信，分道扬镳。其意浅而繁，其文匿而彩。词尚轻险，情多哀思。格以延陵之听，盖亦亡国之音也。"

陈时的文学作品，仍然继承着这种风格。徐陵、庾信是梁、陈时期有名的诗人，他们的诗品都是冶艳的，充满了色情的刻画。庾信后来出使北周被扣留不得南归，他的作品风格一变，他最有名的《哀江南赋》，充满着伤感的爱国思乡情调。

和诗一样，这时期的散文也只是在文字上用功夫，成为骈偶体的四六对句形式。刘知几《史通·叙事篇》批评骈体文说："故应以一言蔽之者，辄足为二言；应以三句成文者，必分为四句。"不但"肥辞瘠义"，而且"叠床架屋"。

北方在魏孝文帝以前，实在无文学可言，孝文帝提倡汉化，统治阶级才有了几个文人学写诗文，冒滥文雅。但他们的作品，一般地说造诣是不高的。

总之，文学是社会生活实践的反映。东晋初渡江，北方门阀豪族东渡，占据了南方的人口、土地，虽为社会发展伏下了一个大矛盾，但这一时期，人们需要开辟荒野，创造生活条件，所以这一时期，就南方说，生产是有相对的发展的。但宋、齐以后，尤其到了萧梁时代，社会阶级矛盾的尖锐化，统治阶级的无前途无出路，在生活上和生活意识上就表现为腐败、颓废、淫靡、堕落和消沉。这种生活实践自然也反映到文学方面去，就表现为浮靡、绮丽，只求雕琢词句，而没有内容，没有生命。北魏到孝文帝时，拓跋氏才开始大踏步地汉化，而汉化本身就是模仿，还没有能够创造，因此在文学方面一时也不能产生像样的作品。

上面所讲是士大夫阶级知识分子的文学。除此之外，还有着代表民间文学的乐府诗歌。这些诗歌，就和诗经中的国风一样，写出了人间的感情。

南北朝的民歌，南北的情调是完全不相同的。大抵南方的民歌以婉转缠绵为特色，北方的则以慷慨洒脱为特色。南方的民歌如《子夜歌》："落日出前门，瞻瞩见子都。冶容多姿鬓，芳香已盈路。芳是香所为，冶容不敢当。天不夺人愿，故使侬见郎。"（今存《子夜歌》有一百二十四首，此是其一。）北方民歌则以慷慨洒脱为特色。如《敕勒歌》："敕勒川，阴山下，天似穹庐，笼盖四野。天苍苍，野茫茫，风吹草低见牛羊。"就是抒情的情歌也多率直爽快，不作忸怩神态。如《折杨柳枝歌》："敕敕何力力，女子临窗织，不闻机杼声，只闻女叹息。问女何所思，问女何所忆？阿婆许嫁女，今年无消息。"有名的《木兰诗》大约也是北朝晚年的作品。《木兰诗》是人民的集体艺术创作，又经过文人的艺术加工。这首诗塑造了一个为人民所喜爱的响应国家号召、女扮男装去抵抗胡人侵略的英武的女性形象，是一篇美而健康的诗篇。

南北朝绘画方面的发展，主要的也是在南方。宋、齐时期，出了很多画家，其中最有名的，在宋有陆探微和宗炳等，在齐有谢赫等。陆探微最长于画人物，他画的人物生动妙绝，他的人物画以佛教人物画为多。宗炳最精于画山水。他自己是很喜欢游涉山水的。"凡所游履，皆画之于室，谓人曰：'抚琴动操，欲令众山皆响。'"（《宋书·宗炳传》）谢赫也是最长于人物画的，他给人画像，不用面对面看着画，只要一见，便能抓着一个人的特征，画出来能叫人看着觉得“毫发皆无遗失”（《南齐书·谢赫传》）。

梁代的画家最著名的是张僧繇和萧贲。随着佛教和佛教壁画传入中国，印度画法也传入中国。张僧繇吸取印度之晕染法，以彩色在画面上显示凹凸，为中国画法开辟了新园地。这种画法，是于线条以外，别施彩色，其凸出者施色较浅，凹入之处，傅色较深，于是高下分明，有立体之势。这和高古琴弦画法，大不相同，是画法上一大变。张僧繇与顾恺之、陆探微被称为六朝画家中的三大家。

萧贲是齐竟陵王萧子良之孙，善画山水，相传他在扇面上画山水，“咫尺之间，便觉万里为遥”。

雕塑方面，因受佛教和印度艺术的影响，在这时期有很大的进步。铜铸的佛像和石雕佛像，在这时期是极盛的。宋时的戴逵、戴颙是有名的造像家，善于雕塑佛像，时“宋世子铸丈六铜像于瓦官寺，既成，面恨瘦，工人不能治。乃迎颙看之。颙曰：‘非面瘦，乃臂胛肥耳。’既错减臂胛，瘦患即除。无不叹服焉”（《宋书·戴颙传》）。

在雕塑方面，南北朝时期最伟大的文化遗产留存到现在的，是北魏大同云冈和洛阳龙门的石刻。云冈的石寺是北魏文成帝时，即公元五世纪中叶造的。前后雕造了数十年。现存各洞石佛多有残毁。许多石佛造像为古董奸商和帝国主义分子勾结凿盗运往外国。洛阳龙门石窟是北魏末年开始造的。宣武帝即位，于洛南伊阙山为孝文帝及文明皇太后营造石窟二所，后又造一所，凡三所。从公元500年（景明元年）到523年（正光四年），前后历时二十四年，用工八十万。龙门石刻和云冈一样，过去也遭受了很大的破坏。

龙门和云冈同为中国佛教的伟大艺术。

绘画、雕塑艺术也和文学作品一样，是时代生活实践和生活意识的反映，同时回过头来又为社会生活实践服务。南北朝最突出的时代特征，是门阀豪族的强大和佛教寺院的发达。南北朝的文学和艺术都充分地反映和表现了这一时代特点，并也为之服务。人物绘画的注意生动和山水画的发展，表现了门阀豪族的浪漫生活和他们对山林自然生活的幻想和爱好，而人物画和雕塑又都是直接为宗教服务的。

最后还要提及一下南北朝时代的两位文学批评家，一个是刘勰，一个是钟嵘。他们两个都是梁武帝时的人。

刘勰著有《文心雕龙》，这是一部有系统的文学批评著作。他中肯地批评了当时只重文学形式不重内容的风气。他说："繁采寡情，味之必厌。"对于声律，反对勉强。对于对偶，主张"自然成对""不劳经营"。

钟嵘专批评诗，他写了一部《诗品》。他反对用典，也反对专门推敲音律。他认为好的诗篇是有内容有感情的诗。

四、科学知识

公元五世纪初，南朝刘宋的初期，中国出了一个伟大的算术家，这就是祖冲之。

祖冲之生于公元429年（宋文帝元嘉六年），死于公元500年（齐东昏侯永元二年）。他在算术上最伟大的成就是对于圆周率的推算。他证明圆周率在3.1415926与3.1415927之间，并以$\frac{22}{7}$表疏率和以$\frac{335}{113}$表密率。祖冲之的密率在一千多年后，公元1573年德人奥托才有了同样的发现。一千五百年以前，我们出了祖冲之这样一位伟大的科学家，是值得中国人民自豪的。

祖冲之对于历法也有改进。同时他还创造了千里船和依古法复制了指南车。他又制造了木制的机器，不借人力、风力和水力，能够“施机自运”。

祖冲之的儿子祖暅之也是一个杰出的数学家。他的贡献在于开立圆术，即求圆球的体积。

南北朝时期，地理学的著述颇多。《隋书·经籍志》载：“齐时陆澄聚一百六十家之说，依其前后远近编而为部，谓之地理书。任昉又增陆澄之书八十四家，谓之《地记》。陈时顾野王抄撰众家之言作《舆地志》。”

《隋书·经籍志》所载地理书，有数十种之多，其中多数是南北朝时人所作。这些书，有的记载州郡的建置，有的记述了各地的户口，有的记述了各地的风俗习惯，还有专记外国的物产、风俗的。流传下来最古的有系统的一部地理书是北魏郦道元著的《水经注》。书凡四十卷，详述各水源流、经过地区以及各地区的沿革。

医学方面，也有一些著作出现。由于佛教的传入，西方外国药方也随僧众之来往而传入中国。南北朝的僧人，很多是懂医术的。他们利用为人治病，传布佛法。

医药和道家神仙家有密切的关系。晋南北朝的道家大师，如葛洪、陶弘景都留心医方。葛洪有《金匮药方》一百卷，陶弘景有《本草经集注》《效验方》等书。

另外，在农业知识方面，我们不能不指出一部总结农业经验的农书——《齐民要术》。

《齐民要术》，北魏贾思勰作。贾事迹不详。这是现存的一部最古的农书。其自序云：“起自农耕，终于醯醢，资生之业，靡不毕书。”现存书有阙失。这部书保存下来很多北朝及以前的农业生产技术和农业知识。从这部书里，我们知道南北朝晚期，北方农业生产的发展和它所达到的水平。

后记

这本《魏晋南北朝史略》，是我这几年在北京师范大学历史系讲述这一段历史的讲义。稿子基本上是1954年春天写的。这之后，年年都做过一些修改。

处理魏晋南北朝这一问题多而又复杂的时代的历史，这本小书仍嫌太简略了。但这本简略的史略，也概括地说出了我对魏晋南北朝这一时代历史发展的轮廓、体系、线索的认识，也提出了我对这一时代一些历史问题、历史事件的看法，对于学习这一段历史的同志，或许仍能有些帮助，因此也就大胆地把它出版了。

出版社编辑部的同志看稿子看得非常认真仔细，提了很多宝贵的意见，谨在这里致谢。

诚恳地期待着同志们的指教和批评。

著者

1957年5月20日

国家新闻出版广电总局
首届向全国推荐中华优秀传统文化普及图书

大家小书书目

国学救亡讲演录	章太炎 著 蒙 木 编
门外文谈	鲁 迅 著
经典常谈	朱自清 著
语言与文化	罗常培 著
习坎庸言校正	罗 庸 著 杜志勇 校注
鸭池十讲（增订本）	罗 庸 著 杜志勇 编订
古代汉语常识	王 力 著
国学概论新编	谭正璧 编著
文言尺牍入门	谭正璧 著
日用交谊尺牍	谭正璧 著
敦煌学概论	姜亮夫 著
训诂简论	陆宗达 著
金石丛话	施蛰存 著
常识	周有光 著 叶 芳 编
文言津逮	张中行 著
经学常谈	屈守元 著
国学讲演录	程应镠 著
英语学习	李赋宁 著
中国字典史略	刘叶秋 著
语文修养	刘叶秋 著
笔祸史谈丛	黄 裳 著
古典目录学浅说	来新夏 著
闲谈写对联	白化文 著
汉字知识	郭锡良 著
怎样使用标点符号（增订本）	苏培成 著
汉字构型学讲座	王 宁 著

诗境浅说	俞陛云 著
唐五代词境浅说	俞陛云 著
北宋词境浅说	俞陛云 著
南宋词境浅说	俞陛云 著
人间词话新注	王国维 著 滕咸惠 校注
苏辛词说	顾 随 著 陈 均 校
诗论	朱光潜 著
唐五代两宋词史稿	郑振铎 著
唐诗杂论	闻一多 著
诗词格律概要	王 力 著
唐宋词欣赏	夏承焘 著
槐屋古诗说	俞平伯 著
词学十讲	龙榆生 著
词曲概论	龙榆生 著
唐宋词格律	龙榆生 著
楚辞讲录	姜亮夫 著
读词偶记	詹安泰 著
中国古典诗歌讲稿	浦江清 著 浦汉明 彭书麟 整理
唐人绝句启蒙	李霁野 著
唐宋词启蒙	李霁野 著
唐诗研究	胡云翼 著
风诗心赏	萧涤非 著 萧光乾 萧海川 编
人民诗人杜甫	萧涤非 著 萧光乾 萧海川 编
唐宋词概说	吴世昌 著
宋词赏析	沈祖棻 著
唐人七绝诗浅释	沈祖棻 著
道教徒的诗人李白及其痛苦	李长之 著
英美现代诗谈	王佐良 著 董伯韬 编
闲坐说诗经	金性尧 著
陶渊明批评	萧望卿 著

古典诗文述略	吴小如　著
诗的魅力 ——郑敏谈外国诗歌	郑　敏　著
新诗与传统	郑　敏　著
一诗一世界	邵燕祥　著
舒芜说诗	舒　芜　著
名篇词例选说	叶嘉莹　著
汉魏六朝诗简说	王运熙　著　董伯韬　编
唐诗纵横谈	周勋初　著
楚辞讲座	汤炳正　著 汤序波　汤文瑞　整理
好诗不厌百回读	袁行霈　著
山水有清音 ——古代山水田园诗鉴要	葛晓音　著
红楼梦考证	胡　适　著
《水浒传》考证	胡　适　著
《水浒传》与中国社会	萨孟武　著
《西游记》与中国古代政治	萨孟武　著
《红楼梦》与中国旧家庭	萨孟武　著
《金瓶梅》人物	孟　超　著　张光宇　绘
水泊梁山英雄谱	孟　超　著　张光宇　绘
水浒五论	聂绀弩　著
《三国演义》试论	董每戡　著
《红楼梦》的艺术生命	吴组缃　著　刘勇强　编
《红楼梦》探源	吴世昌　著
《西游记》漫话	林　庚　著
史诗《红楼梦》	何其芳　著 王叔晖　图　蒙　木　编
细说红楼	周绍良　著
红楼小讲	周汝昌　著　周伦玲　整理

曹雪芹的故事　周汝昌　著　周伦玲　整理
古典小说漫稿　吴小如　著
三生石上旧精魂
——中国古代小说与宗教　白化文　著
《金瓶梅》十二讲　宁宗一　著
中国古典小说十五讲　宁宗一　著
古体小说论要　程毅中　著
近体小说论要　程毅中　著
《聊斋志异》面面观　马振方　著
《儒林外史》简说　何满子　著

我的杂学　周作人　著　张丽华　编
写作常谈　叶圣陶　著
中国骈文概论　瞿兑之　著
谈修养　朱光潜　著
给青年的十二封信　朱光潜　著
论雅俗共赏　朱自清　著
文学概论讲义　老　舍　著
中国文学史导论　罗　庸　著　杜志勇　辑校
给少男少女　李霁野　著
古典文学略述　王季思　著　王兆凯　编
古典戏曲略说　王季思　著　王兆凯　编
鲁迅批判　李长之　著
唐代进士行卷与文学　程千帆　著
说八股　启　功　张中行　金克木　著
译余偶拾　杨宪益　著
文学漫识　杨宪益　著
三国谈心录　金性尧　著
夜阑话韩柳　金性尧　著
漫谈西方文学　李赋宁　著
历代笔记概述　刘叶秋　著

周作人概观	舒　芜　著
古代文学入门	王运熙　著　董伯韬　编
有琴一张	资中筠　著
中国文化与世界文化	乐黛云　著
新文学小讲	严家炎　著
回归，还是出发	高尔泰　著
文学的阅读	洪子诚　著
中国文学1949—1989	洪子诚　著
鲁迅作品细读	钱理群　著
中国戏曲	么书仪　著
元曲十题	么书仪　著
唐宋八大家——古代散文的典范	葛晓音　选译
辛亥革命亲历记	吴玉章　著
中国历史讲话	熊十力　著
中国史学入门	顾颉刚　著　何启君　整理
秦汉的方士与儒生	顾颉刚　著
三国史话	吕思勉　著
史学要论	李大钊　著
中国近代史	蒋廷黻　著
民族与古代中国史	傅斯年　著
五谷史话	万国鼎　著　徐定懿　编
民族文话	郑振铎　著
史料与史学	翦伯赞　著
秦汉史九讲	翦伯赞　著
唐代社会概略	黄现璠　著
清史简述	郑天挺　著
两汉社会生活概述	谢国桢　著
中国文化与中国的兵	雷海宗　著
元史讲座	韩儒林　著

魏晋南北朝史稿	贺昌群　著
汉唐精神	贺昌群　著
海上丝路与文化交流	常任侠　著
中国史纲	张荫麟　著
两宋史纲	张荫麟　著
北宋政治改革家王安石	邓广铭　著
从紫禁城到故宫 ——营建、艺术、史事	单士元　著
春秋史	童书业　著
明史简述	吴　晗　著
朱元璋传	吴　晗　著
明朝开国史	吴　晗　著
旧史新谈	吴　晗　著　习　之　编
史学遗产六讲	白寿彝　著
先秦思想讲话	杨向奎　著
司马迁之人格与风格	李长之　著
历史人物	郭沫若　著
屈原研究（增订本）	郭沫若　著
考古寻根记	苏秉琦　著
舆地勾稽六十年	谭其骧　著
魏晋南北朝隋唐史	唐长孺　著
秦汉史略	何兹全　著
魏晋南北朝史略	何兹全　著
司马迁	季镇淮　著
唐王朝的崛起与兴盛	汪　篯　著
南北朝史话	程应镠　著
二千年间	胡　绳　著
论三国人物	方诗铭　著
辽代史话	陈　述　著
考古发现与中西文化交流	宿　白　著
清史三百年	戴　逸　著

清史寻踪	戴　逸　著
走出中国近代史	章开沅　著
中国古代政治文明讲略	张传玺　著
艺术、神话与祭祀	张光直　著
	刘　静　乌鲁木加甫　译
中国古代衣食住行	许嘉璐　著
辽夏金元小史	邱树森　著
中国古代史学十讲	瞿林东　著
历代官制概述	瞿宣颖　著
宾虹论画	黄宾虹　著
中国绘画史	陈师曾　著
和青年朋友谈书法	沈尹默　著
中国画法研究	吕凤子　著
桥梁史话	茅以升　著
中国戏剧史讲座	周贻白　著
中国戏剧简史	董每戡　著
西洋戏剧简史	董每戡　著
俞平伯说昆曲	俞平伯　著　陈　均　编
新建筑与流派	童　寯　著
论园	童　寯　著
拙匠随笔	梁思成　著　林　洙　编
中国建筑艺术	梁思成　著　林　洙　编
沈从文讲文物	沈从文　著　王　风　编
中国画的艺术	徐悲鸿　著　马小起　编
中国绘画史纲	傅抱石　著
龙坡谈艺	台静农　著
中国舞蹈史话	常任侠　著
中国美术史谈	常任侠　著
说书与戏曲	金受申　著
世界美术名作二十讲	傅　雷　著

中国画论体系及其批评	李长之　著
金石书画漫谈	启　功　著　赵仁珪　编
吞山怀谷 ——中国山水园林艺术	汪菊渊　著
故宫探微	朱家溍　著
中国古代音乐与舞蹈	阴法鲁　著　刘玉才　编
梓翁说园	陈从周　著
旧戏新谈	黄　裳　著
民间年画十讲	王树村　著　姜彦文　编
民间美术与民俗	王树村　著　姜彦文　编
长城史话	罗哲文　著
天工人巧 ——中国古园林六讲	罗哲文　著
现代建筑奠基人	罗小未　著
世界桥梁趣谈	唐寰澄　著
如何欣赏一座桥	唐寰澄　著
桥梁的故事	唐寰澄　著
园林的意境	周维权　著
万方安和 ——皇家园林的故事	周维权　著
乡土漫谈	陈志华　著
现代建筑的故事	吴焕加　著
中国古代建筑概说	傅熹年　著
简易哲学纲要	蔡元培　著
大学教育	蔡元培　著 北大元培学院　编
老子、孔子、墨子及其学派	梁启超　著
春秋战国思想史话	嵇文甫　著
晚明思想史论	嵇文甫　著
新人生论	冯友兰　著

中国哲学与未来世界哲学	冯友兰　著
谈美	朱光潜　著
谈美书简	朱光潜　著
中国古代心理学思想	潘　菽　著
新人生观	罗家伦　著
佛教基本知识	周叔迦　著
儒学述要	罗　庸　著　杜志勇　辑校
老子其人其书及其学派	詹剑峰　著
周易简要	李镜池　著　李铭建　编
希腊漫话	罗念生　著
佛教常识答问	赵朴初　著
维也纳学派哲学	洪　谦　著
大一统与儒家思想	杨向奎　著
孔子的故事	李长之　著
西洋哲学史	李长之　著
哲学讲话	艾思奇　著
中国文化六讲	何兹全　著
墨子与墨家	任继愈　著
中华慧命续千年	萧萐父　著
儒学十讲	汤一介　著
汉化佛教与佛寺	白化文　著
传统文化六讲	金开诚　著　金舒年　徐令缘　编
美是自由的象征	高尔泰　著
艺术的觉醒	高尔泰　著
中华文化片论	冯天瑜　著
儒者的智慧	郭齐勇　著
中国政治思想史	吕思勉　著
市政制度	张慰慈　著
政治学大纲	张慰慈　著
民俗与迷信	江绍原　著　陈泳超　整理

政治的学问	钱端升　著　钱元强　编
从古典经济学派到马克思	陈岱孙　著
乡土中国	费孝通　著
社会调查自白	费孝通　著
怎样做好律师	张思之　著　孙国栋　编
中西之交	陈乐民　著
律师与法治	江　平　著　孙国栋　编
中华法文化史镜鉴	张晋藩　著
新闻艺术（增订本）	徐铸成　著
经济学常识	吴敬琏　著　马国川　编
中国化学史稿	张子高　编著
中国机械工程发明史	刘仙洲　著
天道与人文	竺可桢　著　施爱东　编
中国医学史略	范行准　著
优选法与统筹法平话	华罗庚　著
数学知识竞赛五讲	华罗庚　著
中国历史上的科学发明（插图本）	钱伟长　著

出版说明

“大家小书”多是一代大家的经典著作，在还属于手抄的著述年代里，每个字都是经过作者精琢细磨之后所拣选的。为尊重作者写作习惯和遣词风格、尊重语言文字自身发展流变的规律，为读者提供一个可靠的版本，“大家小书”对于已经经典化的作品不进行现代汉语的规范化处理。

提请读者特别注意。

北京出版社